Wir neu **A2**

Grundkurs Deutsch für junge Lernende

Arbeitsbuch

Alles Digitale zu diesem Buch kann auf der Lernplattform **allango** von Ernst Klett Sprachen abgerufen werden. So geht's:

QR-Code scannen oder **www.allango.net** aufrufen

| Buchtitel oder ISBN in der Suche eingeben und auf das Buchcover klicken

| Zum Inhalt navigieren, direkt abrufen oder speichern

Ernst Klett Sprachen
Stuttgart

Wir neu A2
Grundkurs Deutsch für junge Lernende

Symbole im Buch

 01   Tracknummer

**Informationen und zu diesem Titel passende Produkte finden Sie auf
www.klett-sprachen.de/wir-neu**

1. Auflage 1 ¹¹ ¹⁰ ⁹ | 2025 24 23

Alle Drucke dieser Auflage können nebeneinander benutzt werden, sie sind untereinander unverändert. Die letzte Zahl bezeichnet das Jahr des Druckes.

© Loescher Editore S.r.L., Torino, erste Ausgabe 2002, Giorgio Motta, Wir
   Für die internationale Ausgabe © 2015 Ernst Klett Sprachen GmbH, Stuttgart (erste Ausgabe 2003)

Bearbeitung und Redaktion: Eva-Maria Jenkins-Krumm, Wien; Coleen Clement, Berlin
Umschlaggestaltung, Layoutkonzeption: Sigi Hasel, designcomplus, Weilheim / Teck
Illustrationen: Agge Schlag, Köln
Satz: Katja Schüch, Kirchheim / Teck; Regina Krawatzki, Stuttgart
Reproduktion: Meyle + Müller GmbH + Co.KG, Pforzheim
Druck und Bindung: Elanders Waiblingen GmbH

ISBN 978-3-12-675903-8

9 783126 759038

Inhaltsverzeichnis

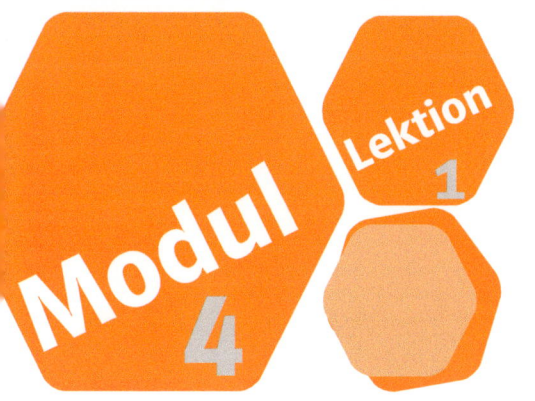

Kannst du inline-skaten?

1 Was passt zusammen? Verbinde und schreib dann Sätze wie im Beispiel.

1. inlineskaten
2. Ski fahren
3. Tennis spielen
4. Fußball spielen
5. fernsehen
6. Fahrrad fahren

a. _____

b. _____

c. _Ich fahre Inlineskates._

d. _____

e. _____

f. _____

2 Was kannst du? Schreib dann Sätze wie im Beispiel.

☺ | ☹
schwimmen | reiten

_____ | _____

_____ | _____

_____ | _____

_____ | _____

Ich kann schwimmen, aber ich kann nicht reiten.

_____

_____

_____

_____

3 Was können sie? Was können sie nicht? Schreib Sätze wie im Beispiel.

++ = sehr gut; + = gut; – = nicht

	Tennis	Fußball	schwimmen	Ski fahren	reiten	Rad fahren	inline-skaten
Timo		+	++	–			
Eva	+			++			–
Martina			–	–	++		
Rudi		+				+	–
Klaus	–		–		+		++

Timo kann gut Fußball spielen. Er kann sehr gut schwimmen. Aber er kann nicht Ski fahren.

_____

_____

_____

_____

_____

_____

_____

4 Drei Interviews mit Jugendlichen: Wie heißen sie? Welche Sportart machen sie? ▶03

	1.	2.	3.
Name			
Sportart			

5 Was passt zusammen? Sprecht zu zweit.

1. Kannst du surfen?
2. Könnt ihr Tennis spielen?
3. Lukas will Deutsch lernen.
4. Kommst du mit ins Schwimmbad?
5. Ich will schwimmen lernen.
6. Kann ich den Ball haben?

a. Ja, aber jetzt wollen wir nicht spielen.
b. Ich kann nicht, ich muss lernen.
c. Nein, aber ich will es lernen.
d. Dann muss er einen Deutschkurs besuchen.
e. Tut mir leid. Ich will jetzt spielen.
f. Dann musst du einen Schwimmkurs besuchen.

6 Ergänze die Tabelle.

	können	müssen	wollen
ich			will
du	kannst		
er, sie, es			
wir			wollen
ihr	könnt	müsst	
sie		müssen	
Sie			

7 Was musst du jeden Tag machen? Was möchtest du jeden Tag machen?
Schreib Sätze wie in den Beispielen.

Ich muss früh aufstehen.   Aber ich möchte bis 10.00 Uhr schlafen.

Ich muss   Aber ich möchte

_____   _____

_____   _____

_____   _____

_____   _____

8 Was willst du? Was brauchst du? Schreib Sätze wie im Beispiel.

1. Tennis spielen   2. reiten   3. Ski fahren   4. surfen   5. schwimmen   6. Rad fahren

1. Ich will Tennis spielen. Ich brauche einen Tennisschläger.

_____

_____

_____

_____

_____

9   Was sucht Stefan? Warum? Schreib Sätze wie im Beispiel.

Stefan sucht die Skier. Er will Ski fahren. _____

_____

_____

_____

_____

_____

10   Ergänze: _können_ oder _müssen_?

1. Ich _____ nicht kommen. Ich _____ noch lernen.

2. Stefan _____ nicht kommen. Er _____ Hausaufgaben machen.

3. Wir _____ nicht kommen. Wir _____ arbeiten.

4. Und Sie, Herr Meier? _____ Sie kommen? – Nein, ich _____ ins Büro gehen.

5. Und du? _____ du kommen? – Ja, ich habe Zeit. Ich _____ kommen!

11   Ergänze: _wollen_ oder _können_?

1. Klaus _____ schwimmen lernen. Also geht er ins Schwimmbad.

2. Eva _____ gut Ski fahren.

3. Wir _____ heute Abend ins Kino gehen.

4. Was? Du _____ nicht Fußball spielen? Aber alle Jungen _____ Fußball spielen!

5. _____ ich mal dein Fahrrad haben? Ich _____ eine Radtour machen.

12 Interviews. Was können Bernd, Sabine und Daniel? Kreuz an. ▶04

	Bernd	Sabine	Daniel
Volleyball	⬡	⬡	⬡
Basketball	⬡	⬡	⬡
Tennis	⬡	⬡	⬡
Ski fahren	⬡	⬡	⬡
Fußball	⬡	⬡	⬡
inlineskaten	⬡	⬡	⬡
schwimmen	⬡	⬡	⬡
surfen	⬡	⬡	⬡
Rad fahren	⬡	⬡	⬡

13 Bilde Sätze.

1. ich • heute Abend • wollen • gehen • ins Kino

_____

2. Tina • zu Hause • heute • müssen • bleiben

_____

3. Herr Meier • Englisch sprechen • können • nicht

_____

4. wir • besuchen • wollen • einen Skikurs

_____

5. Tina • Tennis spielen • wollen • und • in den Tennisclub • gehen

_____

14 Partnerspiel. Fragt und antwortet frei.

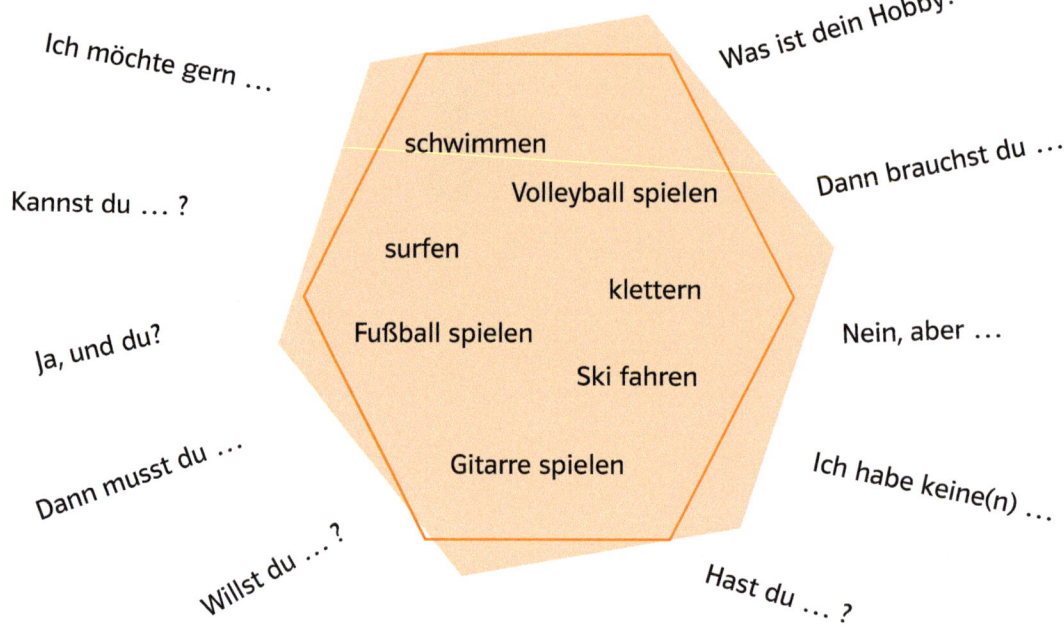

Ich möchte gern …

Was ist dein Hobby?

Kannst du … ?

Dann brauchst du …

schwimmen

Volleyball spielen

surfen

klettern

Fußball spielen

Ski fahren

Nein, aber …

Ja, und du?

Gitarre spielen

Dann musst du …

Ich habe keine(n) …

Willst du … ?

Hast du … ?

15 Fragen und Antworten. Schreib Sätze wie im Beispiel.

1. Ist das dein Fahrrad? - Ja, das ist mein Fahrrad.

2. _____

3. _____

4. _____

5. _____

6. _____

7. _____

16 *Mein, dein, sein, ...* Schreib Sätze wie im Beispiel.

1. ich – T-Shirt   *Das ist mein T-Shirt.*

2. er – Kapuzenjacke _____

3. sie – Rock _____

4. du – Roller _____

5. ihr – Skier _____

17 *sein* oder *ihr?*

1. Das Fahrrad von Brigitte: *ihr Fahrrad*

2. Die Jeans von Tina: _____

3. Der Roller von Markus: _____

4. Der Pullover von Frau Weigel: _____

5. Die Schirmmütze von Stefan: _____

6. Die Sportschuhe von Peter: _____

7. Das Handy von Herrn Weigel: _____

8. Der Rock von Tina: _____

18 Wem gehört ...? Antworte wie im Beispiel.

1. Gehört das T-Shirt Stefan?   – Ja, *das ist sein T-Shirt.*

2. Gehört die Uhr Markus?   – Ja, _____

3. Gehört der Roller Stefan?   – Nein, _____

4. Gehört der Tennisschläger Tina?   – Ja, _____

5. Gehören die Inlineskates Stefan?   – Ja, _____

6. Gehört das Handy Frau Weigel?   – Nein, _____

7. Gehört der Anorak Herrn Weigel?   – Ja, _____

19 Was passt zusammen?

1. Ist das euer Surfbrett?

2. Ist das dein MP3-Player?

3. Ist das die Uhr von Stefan?

4. Ist das die Uhr von Tina?

5. Gehört das Fahrrad Markus?

6. Gehört das Auto Herrn und Frau Weigel?

7. Frau Weigel, sind das Ihre Schuhe?

a. Ja, das ist ihre Uhr.

b. Ja, das ist sein Fahrrad.

c. Ja, das ist unser Surfbrett.

d. Nein, das ist nicht mein MP3-Player.

e. Nein, das ist nicht seine Uhr.

f. Ja, das sind meine Schuhe.

g. Ja, das ist ihr Auto.

20 Antworte mit Possessiv-Artikel.

1. Ist das dein Anorak?

Ja, _das ist mein Anorak._

2. Sind das deine Jeans?

Nein, _____

3. Ist das der Roller von Markus?

Ja, _____

4. Gehört die Sporttasche Tina?

Ja, _____

5. Ist das Ihr Handy, Herr Weigel?

Ja, _____

6. Gehört der Ball euch?

Ja, _____

7. Gehört der Pullover Frau Weigel?

Nein, _____

8. Ist das dein MP3-Player?

Ja, _____

21 Ergänze: Akkusativ

1. Ich finde __meinen__ Pulli nicht.

2. Markus sucht s_____ Ball.

3. Tina hat i_____ Tennisschläger vergessen.

4. Wir suchen u_____ Fahrrad.

5. Frau Weigel, ich finde I_____ Schuhe sehr elegant.

6. Was suchst du? D_____ Jeans?

7. Eva braucht i_____ Sporttasche.

8. Markus hat s_____ Schirmmütze zu Hause vergessen.

22 Ergänze: Possessivpronomen – Personalpronomen

1. Suchst du __deine__ Schirmmütze? Hier ist __sie__ !

2. Sucht ihr e_____ Ball? Hier ist _____ !

3. Suchen Sie I_____ Schuhe, Frau Weigel? Hier sind _____ !

4. Sucht Brigitte i_____ Minirock? Hier ist _____ !

5. Suchen die Weigels i_____ Surfbrett? Hier ist _____ !

6. Sucht Markus s_____ T-Shirt? Hier ist _____ !

7. Suchst du d_____ Uhr? Hier ist _____ !

8. Sucht Tina i_____ Tennisschläger? Hier ist _____ !

23 Ergänze die Possessiv-Artikel.

1. Peter hat __seinen__ Tennisschläger vergessen.

2. Tina findet _____ Kapuzenjacke nicht.

3. Markus sucht _____ Tennisschuhe.

4. Eva hat ein schönes Fahrrad. _____ Fahrrad ist ganz neu.

5. Brigitte hat neue Inlineskates. _____ Inlineskates sind sehr schön.

6. Stefan findet _____ Jeans nicht.

7. Herr Weigel hat ein Handy. _____ Handy ist super!

8. Eva hat einen Sommerpulli. _____ Sommerpulli ist sehr modisch.

24 *Tut mir leid, ...* Schreib Minidialoge. Spiel dann die Minidialoge mit deinem Partner.

● Wo ist mein Roller?
○ Tut mir leid, ich finde deinen Roller nicht.

● _____

○ _____

● _____

○ _____

● _____

○ _____

● _____

○ _____

● _____

○ _____

25 Länder und Farben. Welche Länder haben welche Farben? Mal die Kästchen an. Ordne die Flaggen den Ländern zu.

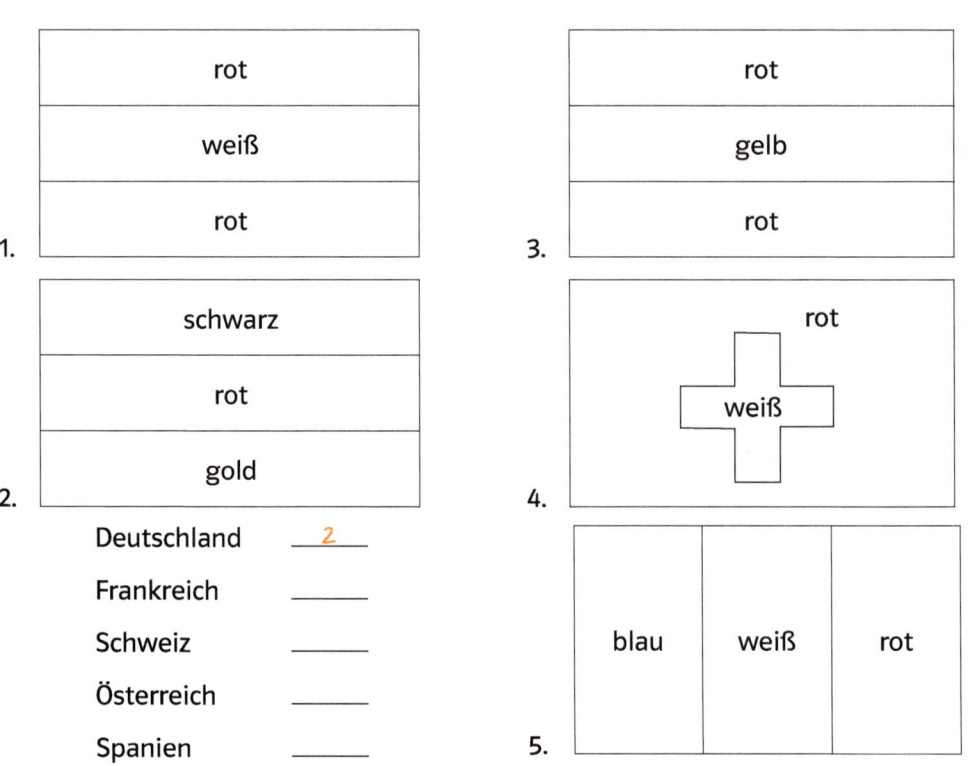

1.

rot
weiß
rot

3.

rot
gelb
rot

2.

schwarz
rot
gold

4. rot / weiß

5. blau / weiß / rot

Deutschland _____2_____

Frankreich _____

Schweiz _____

Österreich _____

Spanien _____

26 *Meinen, meine, mein?*
**Schreib die Wörter in die richtige Liste. Schreib mit Farbstiften: blau = maskulin;
rot = feminin; grün = neutral; orange = Plural.**

Pullover Schuhe MP3-Player Jeans

Kapuzenjacke

Inlineskates Fahrrad Handy

Anorak Roller Uhr Ball Schirmmütze

Sporttasche

T-Shirt Rock Hose

Ich suche …

meinen	**meine**

mein	**meine (Plural)**

27 Wie geht der Satz weiter? Lies laut.

1. Ich suche nicht meine Sportschuhe,
2. Du suchst nicht deine Kapuzenjacke,
3. Er sucht nicht seine Skier,
4. Sie sucht nicht ihren Jogginganzug,
5. Wir suchen nicht unseren Roller,
6. Ihr sucht nicht euer Fahrrad,
7. Sie suchen nicht Ihre Sporttasche,

a. sondern euer Surfbrett.
b. sondern Ihre Sportschuhe.
c. sondern unser Fahrrad.
d. sondern meine Inlineskates.
e. sondern deinen Pullover.
f. sondern seinen Tennisschläger.
g. sondern ihr Handy.

28 Stell Fragen.

1. _____?

Ja, das ist mein MP3-Player.

2. _____?

Ja, es gehört Stefan.

3. _____?

Ich suche meine Uhr.

4. _____?

Hier ist sie!

5. _____?

Nein, das sind nicht ihre Inlineskates.

29 Lauter Sachen. Setz die richtigen Buchstaben ein.

Am liebsten fahre ich

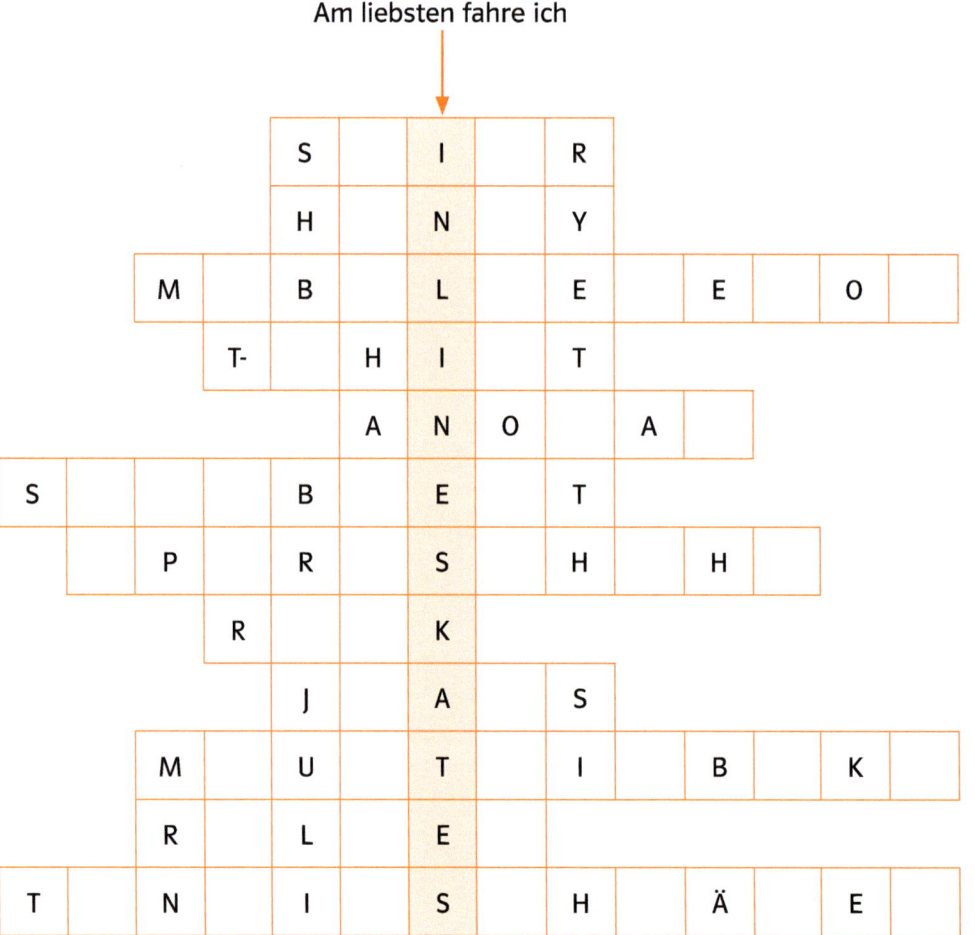

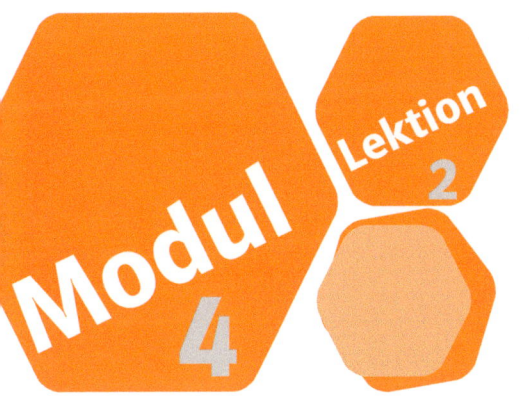

Wohin fährst du in Urlaub?

1 Reiseziele: Wohin fahren sie? Sieh die Bilder an und ergänze die Sätze.

1. Wohin fährt Nina?

Nach _____ .

2. Wohin fährt Familie Meier?

Ins _____ . / In die
_____ .

3. Wohin fahren Max und Sabine?

Ans _____ .

4. Wohin fahren die Müllers?

An den _____ .

5. Wohin fliegt Thomas?

In die _____ . / Nach
_____ .

6. Wohin fliegt Herr Schön?

Nach _____ .

2 Ergänze die Präpositionen und Artikel.

1. Peter fährt heute _____ Gebirge.

2. Im Sommer fahren wir _____ Meer, _____ d_____ Costa del Sol.

3. Die Eltern wollen _____ d_____ Bodensee fahren, aber die Kinder wollen
    _____ Griechenland.

4. Eva will Italienisch lernen. Also fährt sie _____ Italien.

5. Ich will New York sehen. Also fliege ich _____ d_____ USA.

6. Im Sommer fährt Familie Seitz _____ d_____ Dolomiten.

7. Im Winter fahren wir oft _____ d_____ Schweiz, _____ St. Moritz.

8. Ich fahre _____ d_____ Ostsee. Dort kann man gut surfen.

3 Wohin fährst du?

1. Ich will Deutsch lernen. Also fahre ich _____ .

2. Ich will Ski fahren. Also fahre ich _____ .

3. Ich will surfen. Also fahre ich _____ .

4. Ich will baden. Also fahre ich _____ .

5. Ich will wandern. Also fahre ich _____ .

6. Ich will Japanisch lernen. Also fliege ich _____ .

7. Ich will New York sehen. Also fliege ich _____ .

4 In welchem Monat?

1. In welchem Monat fährst du ans Meer? – _____ .

2. In welchem Monat hast du Geburtstag? – _____ .

3. In welchem Monat fährst du nach Deutschland? – _____ .

4. In welchem Monat kann man Ski fahren? – _____ .

5. In welchem Monat hast du Ferien? – _____ .

5 Hier sind die 12 Monate versteckt. Wer findet sie am schnellsten?

A	T	S	A	U	G	U	S	T	E	R	M	S
L	I	N	K	S	Ä	R	E	N	J	U	L	I
K	S	O	U	C	R	I	P	R	A	N	J	E
E	T	V	A	K	N	S	T	I	N	A	U	R
R	D	E	Z	E	M	B	E	R	U	T	N	S
J	E	M	A	I	I	R	M	T	A	J	I	C
U	R	B	O	K	T	O	B	E	R	U	S	H
I	L	E	S	U	Ü	F	E	B	R	U	A	R
M	Ä	R	Z	C	A	P	R	I	L	I	W	I

6 Bilde Sätze.

1. wir • Köln • im • nach • Juli • fahren   *Im Juli* _____

2. Sommer • ich • im • ans • fahre • Meer   _____

3. Winter • im • schneit • es   _____

4. du • fährst • Urlaub • wohin • in • ?   _____

5. heute • Wetter • ist • das • wie • ?   _____

6. Deutsch lernen • will • und • ich • Deutschland • nach • fahre   _____

_____

7 Ergänze: *im* oder *am*?

1. Wann fahren wir ans Meer? _____ Juni oder _____ August?

2. Wann fahren wir nach Berlin? _____ Montag oder _____ Dienstag?

3. Wann fahren wir ins Gebirge? _____ Sommer oder _____ Winter?

4. Wann fährst du in die Schweiz? _____ Mittwoch oder _____ Freitag?

5. Wann fahren wir an den Bodensee? _____ Samstag oder _____ Sonntag?

6. Wann fährt Klaus nach Japan? _____ März oder _____ April?

8 Wie ist das Wetter in Deutschland? Hör den Wetterbericht. ▶12
Zeichne die Symbole in die Landkarte.

 sonnig

 leicht bewölkt

 bewölkt

 windig

 Regen

 Schnee

 neblig

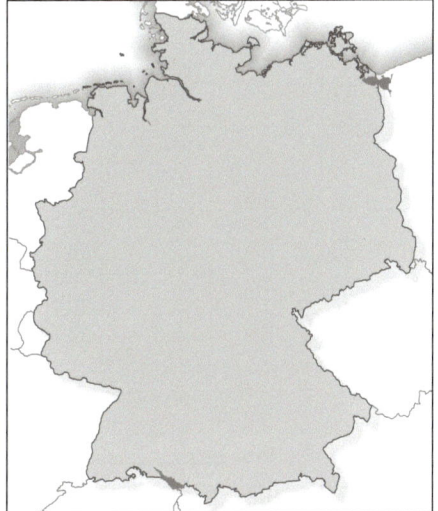

9 Wohin fahren die Leute? Hör zu und notier die Antworten. ▶14

	1. Herr Schwarz	2. Frau Kaiser
Wohin?		
Wann?		
Wie lange?		
Was?		

10 Dialogpuzzle. Arbeitet zu zweit.
Nummeriert die Dialogteile und spielt den Dialog. Schreibt ihn danach.

☐ Gleich am ersten Ferientag.

☐ Allein oder mit der Familie?

☐ Nicht so gern. Aber es gibt da auch einen schönen Bergsee. Da schwimme ich jeden Tag – wenn es warm genug ist.

☐ Wann fahrt ihr denn?

☐ Ich fahre in die Berge. Wandern.

☐ Und wie lange bleibt ihr?

☐ Was machst du in den Ferien?

☐ Toll!

☐ Mit meiner Mutter und meiner Schwester. Vati kann dieses Jahr nicht mit. Er muss arbeiten.

☐ Wanderst du eigentlich gern?

☐ Drei Wochen!

☐ Und du? Was machst du in den Ferien?

● _____

● _____

● _____

● _____

_____

● _____

● _____

● _____

● _____

● _____

● _____

_____

● _____

● _____

11 Ferien auf dem Campingplatz. Michi schreibt in sein Tagebuch. Lies den Text.

Ich finde Campingferien super! Man ist den ganzen Tag im Kontakt mit der Natur. Wir spielen, machen schöne Wanderungen, essen im Freien. Für meine Mutter bedeutet das natürlich wieder Arbeit, kochen, abwaschen usw. Aber wir helfen alle mit. Na ja, … Campingferien machen nur dann keinen Spaß, wenn das Wetter schlecht ist.

Was stimmt? Kreuz an.

1. Michi meint, Campingferien machen viel Spaß.　　　○
2. Michi macht allein Campingferien.　　　○
3. Michi wandert nicht gern.　　　○
4. Im Urlaub kocht Michi für seine Mutter.　　　○
5. Michis Mutter muss auch in den Ferien arbeiten.　　　○
6. Michi meint, bei schlechtem Wetter ist Camping nicht so schön.　　　○

Was passt? Ergänze.

Michi schreibt: Ich finde _____ schön.

Ich mache gern _____ mit meinen Eltern.

Auf dem Campingplatz kann man toll _____ .

Wir machen auch schöne _____ .

Jeden Tag essen wir _____ .

Meine Mutter _____ , aber wir helfen _____ mit.

Nur wenn es _____ , machen Campingferien keinen _____ .

> spielen
> Spaß　　im Freien
> Campingferien
> alle　　kocht
> regnet　　Urlaub
> Wanderungen

12 Wie heißen die Substantive? Ergänze.

Es ist sonnig.　　　　_____ scheint.

Es ist neblig.　　　　Es gibt viel _____ .

Es ist windig.　　　　Es gibt viel _____ .

Der Himmel ist wolkenlos.　　　　Keine _____ am Himmel!

Es schneit.　　　　Es gibt viel _____ .

Es regnet sehr.　　　　Es gibt viel _____ .

13 **Welche Verben passen?**

in Urlaub   _gehen / fahren_____

Ferien   _____

im Meer   _____

nach Deutschland   _____

Wanderungen   _____

Deutsch   _____

viel Spaß   _____

ins Gebirge   _____

im Freien   _____

Ski   _____

zu Hause   _____

Campingferien   _____

fahren

gehen   haben

baden   fliegen

schwimmen

lernen

spielen   bleiben

machen

14 **Stell Fragen.**

1. _____ ?

   Im Winter.

2. _____ ?

   Im Juli fahre ich ans Meer.

3. _____ ?

   Nein, ich fahre nicht nach Deutschland.

4. _____ ?

   Ich will baden und surfen.

5. _____ ?

   Es ist sehr heiß.

6. _____ ?

   Dort ist es kalt.

15 Eine Postkarte aus dem Urlaub. Ergänze mit passenden Wörtern.

St. Moritz, 28. Dezember

Liebe Brigitte,

wir _____ jetzt schon eine Woche _____

St. Moritz. Das Wetter ist toll! Es _____ und

wir können viel Ski _____ .

Wir _____ im Alpenhotel. Ich habe ein Zimmer

für mich _____ . Das finde ich _____ !

Mir _____ es also sehr gut. Dir hoffentlich auch!

Viele liebe Grüße,
deine Tina

16 Richtig schreiben. Acht Monatsnamen sind falsch.
Streich die falschen Wörter durch und schreib sie richtig.

richtig

Januar	_____
Febuar	_____
Merz	_____
April	_____
May	_____
Juni	_____
July	_____
Aogust	_____
Septembre	_____
October	_____
November	_____
December	_____

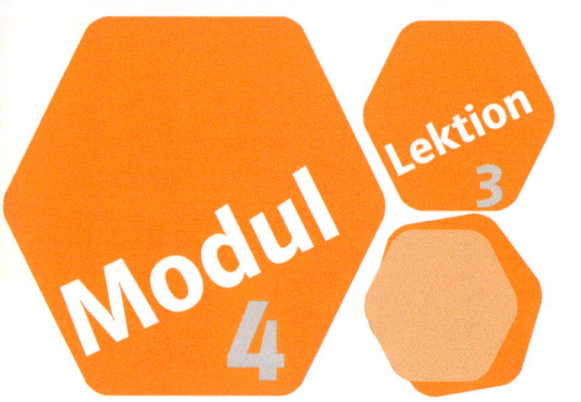

Alles Gute zum Geburtstag!

1 Welches Jahr? Schreib die Jahre in Zahlen. ▶18

_____   _____   _____   _____

_____   _____   _____   _____

_____   _____   _____   _____

2 Welches Jahr? Schreib die Jahre in Zahlen.

1. achtzehnhundertfünfzehn   _____

2. neunzehnhundertzweiundzwanzig   _____

3. zweitausendzwei   _____

4. siebzehnhundertdreiundvierzig   _____

5. achtzehnhunderteinundachtzig   _____

6. neunzehnhundertdreiundsechzig   _____

7. zweitausendeins   _____

8. vierzehnhundertdreiundfünfzig   _____

3 Wann haben deine Verwandten Geburtstag?

1. Wann hat dein Vater Geburtstag?   – Am _____

2. Wann hat deine Mutter Geburtstag?   – _____

3. Wann hat dein Bruder / deine Schwester Geburtstag?   – _____

4. Wann hat deine Tante Geburtstag?   – _____

5. Wann hat dein Onkel Geburtstag?   – _____

6. Wann hat dein Opa Geburtstag?   – _____

7. Wann hat deine Oma Geburtstag?   – _____

4 Ergänze.

	werden
ich	
du	
er, sie, es	wird
wir	
ihr	werdet
sie	
Sie	

5 Schreib Minidialoge wie im Beispiel.

Peter ——▶ 13

● Wie alt wird Peter?
● Er wird 13.

die Kerze

die Geburtstagstorte

1. du ——▶ 15

● _____

● _____

2. Eva und Max ——▶ 18

● _____

● _____

3. ihr ——▶ 16

● _____

● _____

4. die Kinder ——▶ 7

● _____

● _____

5. Herr Meier ——▶ 41

● _____

● _____

6. Frau Böhm ——▶ 36

● _____

● _____

7. deine Oma ——▶ 79

● _____

● _____

6 Feiertage und andere wichtige Tage.

Januar	Februar	März	April	Mai	Juni
1 M Neujahr	1 S	1 S	1 D	1 D Tag der Arbeit	1 S
2 D	2 S	2 S	2 M	2 F	2 M
3 F	3 M	3 M	3 D	3 S	3 D
4 S	4 D	4 D	4 F	4 S	4 M
5 S	5 M	5 M	5 S	5 M	5 D
6 M Hl. 3 Könige	6 D	6 D	6 S	6 D	6 F
7 D	7 F	7 F	7 M	7 M	7 S
8 M	8 S	8 S	8 D	8 M	8 S Pfingstsonntag
9 D	9 S	9 S	9 M	9 F	9 M Pfingstmontag
10 F	10 M	10 M	10 D	10 S	10 D
11 S	11 D	11 D	11 F	11 S Muttertag	11 M
12 S	12 M	12 M	12 S	12 S	12 D
13 M	13 D	13 D	13 S	13 M	13 F
14 D	14 F	14 F	14 M	14 M	14 S
15 M	15 S	15 S	15 D	15 D	15 S
16 D	16 S	16 S	16 M	16 F	16 M
17 F	17 M	17 M	17 D	17 S	17 D
18 S	18 D	18 D	18 F	18 S	18 M
19 S	19 M	19 M	19 S	19 M	19 D Fronleichnam
20 M	20 D	20 D	20 S Ostersonntag	20 D	20 F
21 D	21 F	21 F Frühlingsanfang	21 M Ostermontag	21 M	21 S Sommeranfang
22 M	22 S	22 S	22 D	22 D	22 S
23 D	23 S	23 S	23 M	23 F	23 M
24 F	24 M	24 M	24 D	24 S	24 D
25 S	25 D	25 D	25 F	25 S	25 M
26 S	26 M	26 M	26 S	26 M	26 D
27 M	27 D	27 D	27 S	27 D	27 F
28 D	28 F	28 F	28 M	28 M	28 S
29 M		29 S	29 D	29 D Christi Himmelfahrt	29 S
30 D		30 S	30 M	30 F	30 M
31 F		31 M		31 S	

Juli	August	September	Oktober	November	Dezember
1 D	1 F Schweizer Nationalfeiertag	1 M	1 M	1 S Allerheiligen	1 M
2 M	2 S	2 D	2 D	2 S	2 D
3 D	3 S	3 M	3 F Tag der deutschen Einheit	3 M	3 M
4 F	4 M	4 D	4 S	4 D	4 D
5 S	5 D	5 F	5 S	5 M	5 F
6 S	6 M	6 S	6 M	6 D	6 S
7 M	7 D	7 S	7 D	7 F	7 S
8 D	8 F	8 M	8 M	8 S	8 M
9 M	9 S	9 D	9 D	9 S	9 D
10 D	10 S	10 M	10 F	10 M	10 M
11 F	11 M	11 D	11 S	11 D	11 D
12 S	12 D	12 F	12 S	12 M	12 F
13 S	13 M	13 S	13 M	13 D	13 S
14 M	14 D	14 S	14 D	14 F	14 S
15 D	15 F Mariä Himmelfahrt	15 M	15 M	15 S	15 M
16 M	16 S	16 D	16 D	16 S	16 D
17 D	17 S	17 M	17 F	17 M	17 M
18 F	18 M	18 D	18 S	18 D	18 D
19 S	19 D	19 F	19 S	19 M	19 F
20 S	20 M	20 S	20 M	20 D	20 S
21 M	21 D	21 S	21 D	21 F	21 S
22 D	22 F	22 M	22 M	22 S	22 M Winteranfang
23 M	23 S	23 D Herbstanfang	23 D	23 S	23 D
24 D	24 S	24 M	24 F	24 M	24 M Heiliger Abend
25 F	25 M	25 D	25 S	25 D	25 D Weihnachten
26 S	26 D	26 S	26 S Österreichischer Nationalfeiertag	26 M	26 F Weihnachten
27 S	27 M	27 S	27 M	27 D	27 S
28 M	28 D	28 S	28 D	28 F	28 S
29 D	29 F	29 M	29 M	29 S	29 M
30 M	30 S	30 D	30 D	30 S	30 D
31 D	31 S		31 F		31 M Silvester

1. Wann ist Weihnachten?   *Weihnachten ist am* _____

2. Wann ist Silvester?   _____

3. Wann ist Neujahr?   _____

4. Wann ist Ostern?   _____

5. Wann ist Sommeranfang?   _____

7 Trag die Feiertage für dein Land ein.

8 Was passt zusammen? Spielt die Minidialoge.

1. Ich werde nächste Woche 15.
2. Ich gebe eine Party.
3. Ich komme zu dir.
4. Ich habe Hunger.
5. Ich habe Durst.
6. Ich gehe einkaufen.
7. Ich komme zur Party.

a. Iss einen Hamburger!
b. Sei pünktlich!
c. Bring deine CDs mit!
d. Gib eine Party!
e. Lad auch Markus ein!
f. Trink eine Cola!
g. Kauf Brot und Milch!

9 Man kann etwas höflich oder sehr direkt sagen.
Sag es einmal sehr direkt (a)! Sag es dann mit „bitte" (b).

Willst du bitte aufstehen?

a. *Steh auf!*

b. *Steh bitte auf!*

Kannst du bitte einkaufen gehen?

a. *Geh einkaufen!*

b. *Geh bitte einkaufen!*

1. Kannst du um 21.00 Uhr zu Hause sein?

a. _____

b. _____

2. Willst du bitte Hausaufgaben machen?

a. _____

b. _____

3. Kannst du einen Kuchen mitbringen?

a. _____

b. _____

4. Willst du mitkommen?

a. _____

b. _____

5. Kannst du bitte Tante Emma anrufen?

a. _____

b. _____

10 Ergänze.

	sollen
ich	
du	
er, sie, es	soll
wir	
ihr	sollt
sie	
Sie	

11 Schreib Minidialoge wie im Beispiel. Spielt dann die Minidialoge.

um 15.00 Uhr kommen

● *Soll ich um 15.00 Uhr kommen?*
● *Ja, komm bitte um 15.00 Uhr!*

1. Thomas einladen

● _____

● _____

2. einen Kuchen backen

● _____

● _____

3. Getränke kaufen

● _____

● _____

4. Musik mitbringen

● _____

● _____

5. Klaus anrufen

● _____

● _____

12 Was passt zusammen?

1. Sind die Ohrringe für mich?
2. Ist das Buch hier für Vati?
3. Sind die Pralinen für den Direktor?
4. Frau Meier, das ist für Sie!
5. Das ist ein Ball für euch, Kinder!
6. Kaufst du die Schuhe hier für dich?
7. Für wen ist das Geschenk hier? Für Mama?

a. Für mich? Oh, danke!
b. Ja, für sie.
c. Ja, sie sind für dich.
d. Nein, nicht für mich, sondern für meinen Sohn.
e. Ja, sie sind für ihn.
f. Ja, es ist für ihn.
g. Für uns? Oh, danke, Opa!

13 Wen lädst du ein?

1. Lädst du Peter ein? – Nein, *ihn lade ich nicht ein.* _____

2. Lädst du Anna ein? – Nein, _____

3. Lädst du Professor Müller ein? – Nein, _____

4. Lädst du Martina ein? – Nein, _____

5. Lädst du Frau Meier ein? – Nein, _____

6. Lädst du Eva und Max ein? – Nein, _____

7. Lädst du mich ein? – Ja, _____

8. Lädst du uns ein? – Ja, _____

14 Ergänze: *wer* oder *wen*?

1. _____ soll ich einladen?

2. _____ kommt zur Party?

3. _____ bringt etwas zum Essen mit?

4. _____ siehst du in der Schule?

5. Für _____ ist dieses Geschenk?

6. _____ findest du sympathisch?

7. Für _____ kaufst du dieses Buch?

8. _____ hat heute Geburtstag?

15 Stell Fragen.

1. _____?

Am 2. März habe ich Geburtstag.

2. _____?

Ich werde 13.

3. _____?

Ja, bring eine Flasche Cola mit!

4. _____?

Petra und Sabine kommen.

5. _____?

Der Kopfhörer ist für Stefan.

6. _____?

Lad deine Klassenkameraden ein!

16 Tina hat Geburtstag.
Was sagt Brigitte?
Was antwortet Tina?

17 Spielt den Dialog zu zweit. Wechselt die Rollen.

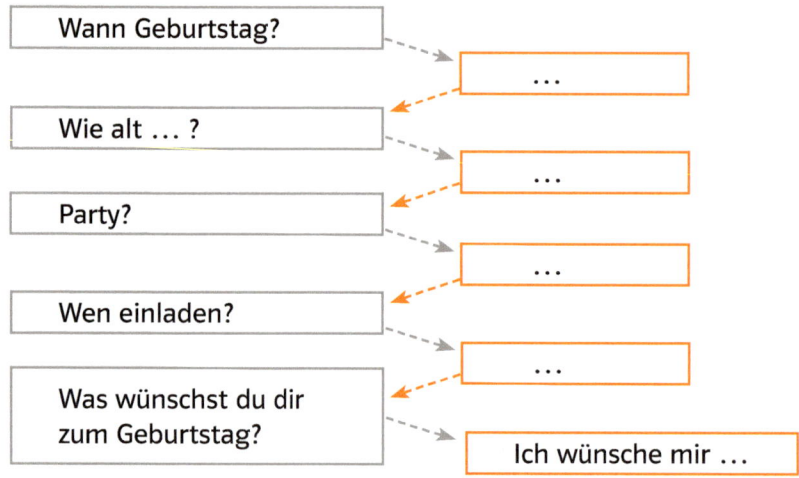

Wann Geburtstag?	
	…
Wie alt … ?	
	…
Party?	
	…
Wen einladen?	
	…
Was wünschst du dir zum Geburtstag?	
	Ich wünsche mir …

18 Danke für die Einladung.
Marie antwortet Tina (Kursbuch, Seite 31). Aber sie macht Spaß!
Schreib den Text neu. Mach Satzzeichen und denk an die Großbuchstaben.

liebetinadankefürdieeinladungzumGeburtstagichkommegernleiderkannichnichtfrüh
erkommenichhabevonhalbzweibishalbdreimeinenspanischkursaberumvieruhrbinich
daichbringeeinenkuchenmitalsobismittwochnachmittagichfreuemichschondeinemarie

_____

_____

_____

_____

_____

_____

_____

_____

_____

Wortschatz Modul 4 (Lektion 1–3)

Hier findest du die Einzelwörter und die Sätze aus den Lektionen Seite für Seite (Sg. = nur Singular, Pl. = nur Plural). Du findest jetzt auch die Betonungszeichen für den Wortakzent: Rad = betonter langer Vokal, joggen = betonter kurzer Vokal. Ganz links findest du die Seitenzahl im Kursbuch. Schreib die Übersetzung in die rechte Spalte.

Lektion 1:		Meine Sprache
8 die Sportart, -en	Welche Sportart machst du?	
joggen		
Rad fahren		
surfen		
Ski fahren	Sie fährt gern Ski.	
reiten	Sie will reiten lernen.	
inlineskaten	Kannst du inlineskaten?	
der Volleyball (Sg.)	Volleyball spielen	
9 das Hobby, -s	Ist dein Hobby Rad fahren?	
das Computerspiel, -e	Mein Hobby sind Computerspiele.	
können, ich kann, er kann, wir können	Kannst du schwimmen?	
natürlich	Natürlich kann ich schwimmen.	
10 klettern, ich klettere, er klettert	Ich will klettern lernen.	
dann		
der Kletterkurs, -e	Dann musst du einen Kletterkurs besuchen.	
müssen, ich muss, er muss, wir müssen	Du musst es lernen.	
der Reitkurs, -e		
der Surfkurs, -e		
der Tenniskurs, -e		
der Skikurs, -e		
der Schwimmkurs, -e		
wollen, ich will, er will, wir wollen	Ich will surfen lernen.	
11 der Jogginganzug, ¨-e		

das Surfbrett, -er		
das Fahrrad, -räder		
die Badehose, -n		
der Badeanzug, ⸚e		
der Tennisschläger, –		
der Ball, Bälle		
die Inlineskates (Pl.)	Hast du Inlineskates?	
das Pferd, -e		
der Ski, Skier	Kannst du Ski fahren?	
der Fußball, -bälle	Er möchte Fußball spielen.	
brauchen	Du brauchst einen Fußball.	
12 die Radtour, -en	Sie will eine Radtour machen.	
super	Ich finde Fußball super.	
13 der Roller, –	Das ist mein Roller.	
MP3-Player, –		
gehören	Der MP3-Player gehört Stefan.	
das Handy, -s	Das ist mein Handy.	
die Sporttasche, -n	Die Sporttasche gehört Tina.	
14 die Kapuzenjacke, -n	Meine Kapuzenjacke ist blau.	
die Jeans (Pl.)	Sind das deine Jeans?	
das T-Shirt, -s	Wo ist mein T-Shirt?	
der Rock, Röcke	Der Rock gehört Brigitte.	
die Schirmmütze, -n		
der Schuh, -e		
der Sportschuh, -e		
der Pullover, - der Pulli, -s		
der Anorak, -s		
16 gemein	Du bist gemein!	
17 die Note, -n		
bunt	Die Noten sind bunt.	
denn	Wo ist denn mein Pulli?	

braun		
schwarz	Meine Schuhe sind braun, deine Schuhe sind schwarz.	
gelb	Der Kanarienvogel ist gelb.	
weiß	Ist dein Anorak weiß?	
18 das Mountainbike, -s	Ich habe kein Mountainbike.	
das Mobiltelefon, -e	Ein Handy ist ein Mobiltelefon.	
der Rollschuh, -e		

Meine neuen Wörter

Lektion 2:		Meine Sprache
20 der Urlaub, -e	Wohin fährst du in Urlaub?	
die Adria	Ich fahre an die Adria.	
der Sommer, -	Im Sommer fahren wir nach Italien.	
genau	Wohin genau fahrt ihr?	
21 das Meer, -e	Wir fahren ans Meer.	
der See, -n		
der Bodensee	Er fährt an den Bodensee.	
die Ostsee	Sie fährt an die Ostsee.	
das Gebirge, -	Fahrt ihr auch ins Gebirge?	
die Dolomiten (Pl.)	Ja, wir fahren in die Dolomiten.	
die Alpen (Pl.)	Ich fahre in die Alpen.	
nach	Wer fährt nach Deutschland?	
22 die Nordsee	Ich fahre lieber an die Nordsee, und zwar nach Sylt.	
der Berg, -e	Geht ihr auch in die Berge?	
das Mittelmeer (Sg.)	Wir fahren ans Mittelmeer.	
der Schüler, - die Schülerin, -nen	Sechs Schüler fahren in die Berge.	
baden	Ich will baden.	
der Prater	In Wien möchte er den Prater besuchen.	
das Matterhorn	Das Matterhorn ist in der Schweiz.	
23 wandern	Wo wollt ihr wandern?	
die Jahreszeit, -en		
der Winter, -		
der Frühling, -e		
der Herbst, -e	Frühling, Sommer, Herbst und Winter – das sind die vier Jahreszeiten.	
die Ferien (Pl.)		
beginnen	Wann beginnen die Ferien?	
die Sommerferien (Pl.)		

das Weihnachten (Sg.)		
der Skiurlaub, -e	Wann macht Susi Skiurlaub?	
das Oktoberfest, -e		
stattfinden, es findet statt	Wann findet das Oktoberfest statt?	
24 regnen	Es regnet.	
schneien	Es schneit.	
kalt	Es ist kalt.	
heiß	Es ist heiß.	
sonnig	Es ist sonnig.	
bewölkt	Es ist bewölkt.	
warm	Es ist warm.	
wolkenlos	Der Himmel ist wolkenlos.	
neblig	Es ist neblig.	
windig	Es ist windig.	
25 das Wetter (Sg.)	Wie ist das Wetter bei euch?	
der Wetterbericht, -e		
die Temperatur, -en		
der Grad (Sg.)	Die Temperatur liegt bei 19 Grad.	
das Hotel, -s	Wir wohnen im Parkhotel.	
da bleiben	Ich bleibe eine Woche da.	
endlich	Endlich hat Jörg Urlaub.	
die Sonne (Sg.)	Die Sonne scheint.	
allein	Fährt er allein in Urlaub?	
26 die Disko, -s	Er geht jeden Abend in die Disko.	
der Eiffelturm		
der Monat, -e	In welchen Monaten ist es heiß?	
27 segeln		
eislaufen	Kannst du eislaufen?	
rodeln	Im Winter rodeln wir.	

Meine neuen Wörter

Lektion 3:		Meine Sprache
28 der Geburtstag, -e		
alles	Alles Gute zum Geburtstag!	
das Jahr, -e		
geboren	Wann ist er geboren?	
gestorben	Wann ist sie gestorben?	
der Dichter, -	Goethe war ein großer Dichter.	
der Komponist, -en	Mozart war Komponist.	
29 der Wissenschaftler, -		
der Reformator, -en	Luther war ein Reformator.	
der Theologe, -n	Luther war Theologe.	
die Pianistin, -nen	Clara Schumann war Pianistin.	

der Dramatiker, -		
die Philosophin, -nen		
die Tänzerin, -nen	Pina Bausch war Tänzerin.	
die Schauspielerin, -nen	Romy Schneider war Schauspielerin.	
die Schriftstellerin, -nen	Christa Wolf war Schriftstellerin.	
30 nächst ..	nächste Woche	
werden, ich werde, er wird	Wie alt wirst du? – Ich werde 14.	
feiern	Wie feierst du deinen Geburtstag?	
die Party, -s	Ich gebe eine Party.	
am	am 22. Mai	
der Klassenkamerad, -en		
31 die Einladung, -en		
einladen, er lädt ein	Tina lädt ihre Freundin zum Geburtstag ein.	
Liebe … / Lieber …	Liebe Marie, … / Lieber Paul, …	
früher	Komm ein bisschen früher.	
helfen, er hilft	Du kannst mir helfen.	
mitbringen, ich bringe mit	Bring etwas zum Trinken mit.	
der Apfelsaft, -säfte		
erwarten	Ich erwarte dich.	
pünktlich	Sei bitte pünktlich!	
bei	Marie soll um 15.00 Uhr bei Tina sein.	
32 kaufen		
sollen, ich soll, er soll	Soll ich etwas kaufen?	
backen, er backt	Ich backe einen Kuchen.	
der Apfelstrudel, -		
klar	Kommst du? – Ja, klar.	
Warum?	Warum kann er nicht kommen?	
wegfahren, er fährt weg	Ich muss mit Vati wegfahren.	
der Arzt, Ärzte	Er muss zum Arzt gehen.	

34 das Geschenk, -e		
die Praline, -n	Isst du gern Pralinen?	
der Kopfhörer, -		
die CD, -s	Ich kann die CDs leider nicht hören. Mein CD-Player ist kaputt.	
das Buch, Bücher		
das Parfüm, -s		
der Fotoapparat, -e		
der Ohrring, -e		
35 für	Für wen sind die Ohrringe?	
36 schenken	Sie schenkt Mutti ein Parfüm.	
die Jahreszahl, -en	Lies die Jahreszahlen laut.	

Meine neuen Wörter

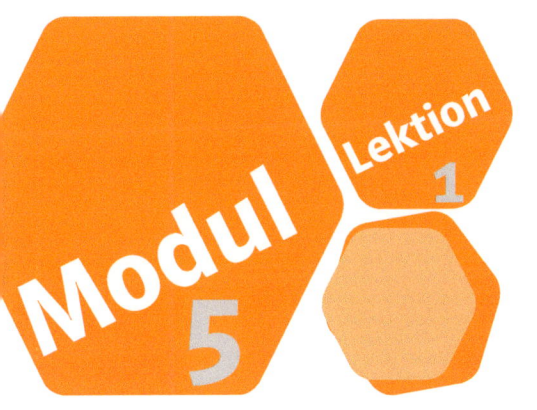

Mir tut der Kopf weh

1 Die Körperteile.
Schreib die Namen der Körperteile mit dem Artikel.

_____

_____

_____   _____

_____

_____

_____

_____   _____

_____

_____

2 Schreib Minidialoge wie im Beispiel.

Maria

● Wie geht's dir, Maria?
● Schlecht. Mir tut der Kopf weh.

Herr Kohl

● _____
● _____

Linus

● _____
● _____

Leonie

● _____
● _____

Felix

● _____
● _____

Ole

● _____
● _____

3 Was tut dir weh?

Du hast ...	Was tut dir weh?
Halsschmerzen	der Hals _____
Kopfschmerzen	_____
Bauchschmerzen	_____
Grippe	_____
Husten	_____
Fieber	_____
Schnupfen	_____

4 Was passt zusammen?

1. Mir tut der Kopf weh.
2. Markus tut der Hals weh.
3. Mein Fuß tut weh.
4. Sabine hat Ohrenschmerzen.
5. Meine Hand tut weh.
6. Eva tun die Augen weh.
7. Die Kinder haben Bauchschmerzen.
8. Dem Opa tun die Zähne weh.

a. Ich kann nicht schreiben.
b. Sie sollen Kamillentee trinken.
c. Ich kann nicht lernen.
d. Er kann nicht essen.
e. Sie kann nicht lesen.
f. Er kann nicht singen.
g. Ich kann nicht Fußball spielen.
h. Sie soll keine Musik hören.

5 Was passt zusammen? Spielt die Minidialoge.
Es gibt mehrere Lösungen.

1. Wie geht's deinem Vater?
2. Wie geht's dir?
3. Wie geht's der Mutter von Eva?
4. Wie geht's Ihren Kindern, Frau Meier?
5. Wie geht's dem Direktor?
6. Wie geht's deinen Eltern?
7. Wie geht's seiner Schwester?
8. Wie geht's Ihnen, Herr Bauer?

a. Ihr geht's ganz gut.
b. Es geht ihnen nicht so gut.
c. Ihm geht's gut.
d. Es geht ihr prima.
e. Ihm geht's schlecht.
f. Mir geht's ganz gut.
g. Mir geht's leider schlecht.
h. Es geht ihnen gut.

6 Ergänze: *dem, der, den? ihm, ihr, ihnen?*

⬤ Wie geht's ___dem___ Direktor?

1. Wie geht's _____ Professor?
2. Wie geht's _____ Kindern?
3. Wie geht's _____ Oma?
4. Wie geht's _____ Mathelehrerin?
5. Wie geht's _____ Zwillingen?

⬤ ___Ihm___ geht's gut.

_____ geht's schlecht.

_____ geht's prima.

_____ geht's nicht so gut.

_____ geht's ganz gut.

_____ geht's schlecht.

7 Wem gehört was?
Ordne die Wöter zu und schreib Sätze wie im Beispiel.

der Hustensaft

der Kamillentee

die Halstabletten

die Schmerztabletten

die Nasentropfen

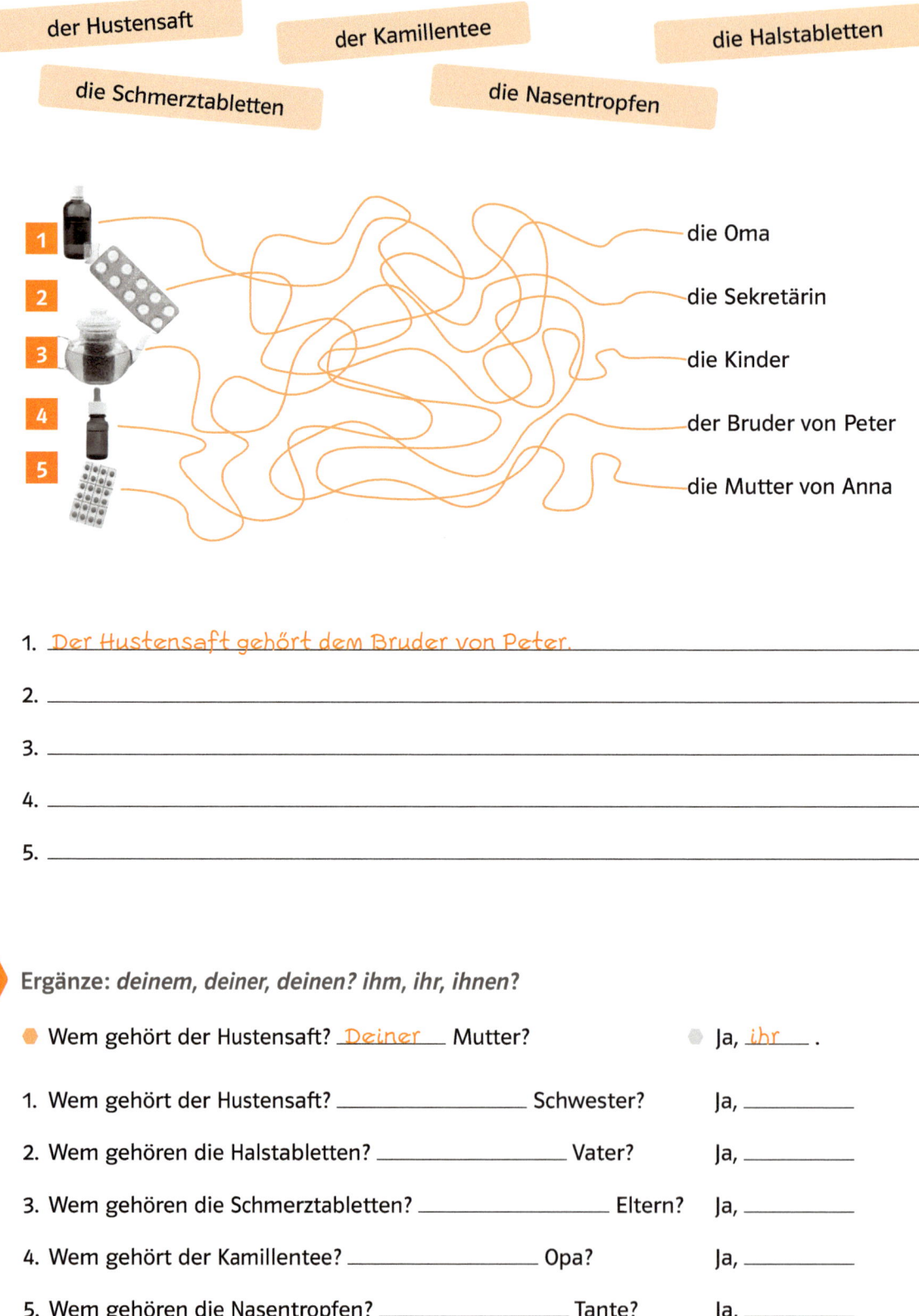

1. *Der Hustensaft gehört dem Bruder von Peter.* _____

2. _____

3. _____

4. _____

5. _____

8 Ergänze: *deinem, deiner, deinen? ihm, ihr, ihnen?*

● Wem gehört der Hustensaft? *Deiner* Mutter?　　　　　●　Ja, *ihr* .

1. Wem gehört der Hustensaft? _____ Schwester?　　Ja, _____

2. Wem gehören die Halstabletten? _____ Vater?　　Ja, _____

3. Wem gehören die Schmerztabletten? _____ Eltern?　Ja, _____

4. Wem gehört der Kamillentee? _____ Opa?　　Ja, _____

5. Wem gehören die Nasentropfen? _____ Tante?　　Ja, _____

9 Imperativ.

	(du)	(ihr)	(Sie)
trinken			
schlafen			
bleiben			
anrufen	Ruf ... an!		
nehmen			
essen			
sein	Sei vorsichtig!	Seid vorsichtig!	Seien Sie vorsichtig!

10 Dialogpuzzle: Du bist krank. Die Ärztin kommt. Wie ist der Dialog?
Nummeriert die Dialogteile und spielt den Dialog. Schreibt ihn danach in eure Hefte.

[ ] Ja, du hast eine Grippe und musst jetzt erst mal im Bett bleiben.

[1] Na, wie geht's dir denn?

[ ] Und wann kann ich wieder in die Schule?

[ ] Drei Tage mindestens. Ich verschreibe dir Tabletten und Hustensaft.

[ ] Ach, mir geht es schlecht.
Ich habe Fieber, Kopfschmerzen und Halsschmerzen.

[ ] Wie lange muss ich denn im Bett bleiben?

[ ] Vielleicht schon am Freitag –
am Montag aber ganz bestimmt.

[ ] Je eine Tablette morgens und abends und einen Löffel
Hustensaft abends. Dann kanst du gut schlafen.

[ ] Dann warte ich lieber bis Montag.
Am Freitag haben wir eine Deutscharbeit.

[ ] Wie viele Tabletten muss ich nehmen?

11 Interviews: Was haben sie? Kreuz die richtige Information an. ▶31

Oliver			
Er hat	○ Kopfschmerzen.	○ Bauchschmerzen.	○ Zahnschmerzen.
Er ist krank seit	○ zwei Tagen.	○ einen Tag.	○ einer Woche.
Er nimmt	○ Schmerztabletten.	○ Kamillentee.	○ Antibiotika.
Marion			
Sie hat	○ Grippe.	○ Husten.	○ Halsschmerzen.
Sie ist krank seit	○ zwei Tagen.	○ gestern.	○ vorgestern.
Sie nimmt	○ Halstabletten.	○ Nasentropfen.	○ Hustensaft.
Frau Wagner			
Sie hat	○ Schnupfen.	○ Ohrenschmerzen.	○ Zahnschmerzen.
Sie ist krank seit	○ zwei Wochen.	○ drei Tagen.	○ einer Woche.
Sie nimmt	○ Tabletten.	○ Nasentropfen.	○ Antibiotika.

12 Lukas geht zum Arzt. Lies den Text.

Heute geht Lukas nicht zur Schule. Es geht ihm nicht gut. Seit gestern hat er
Kopfschmerzen. Er hat auch Fieber und ist erkältet. Um 11.00 Uhr hat er einen
Termin beim Arzt. Er geht natürlich mit Mutti zu Doktor Huber.
Doktor Huber sagt: „Also, Lukas, wie fühlst du dich?"
„Ich bin so müde …, mir tut der Kopf weh, und …" antwortet Lukas.
„Hast du Fieber?", fragt der Arzt weiter.
„Ja", antwortet die Mutter von Lukas, „und er ist auch erkältet".
„Herr Doktor, muss ich ins Krankenhaus?", fragt Lukas besorgt.
„Aber nein", antwortet Doktor Huber, „das ist eine ganz normale Grippe. Du bleibst
drei Tage im Bett. Nimm diese Tabletten und diese Nasentropfen".
„Keine Antibiotika?", fragt die Mutter.
„Nein, das ist nicht nötig", antwortet der Arzt. „Wir sehen uns nächste Woche".

Was stimmt? Kreuz an.

1. Lukas geht heute …

○ zur Schule.
○ zum Arzt.
○ nach Hause.

2. Lukas hat …

○ Grippe.
○ Halsschmerzen.
○ Bauchschmerzen.

3. Lukas muss …

○ ins Krankenhaus gehen.
○ zur Schule gehen.
○ zu Hause bleiben.

4. Lukas nimmt …

○ Tabletten.
○ Antibiotika.
○ Hustensaft.

5. Lukas muss wieder zum Arzt, und zwar …

○ morgen.
○ übermorgen.
○ nächste Woche.

13 *Wer? Wen? Wem?* Ergänze: *unser..*

Wer kommt zur Party?

_____ Onkel Hans.

_____ Tante Eva.

_____ Freunde Alex und Klaus.

Wen besucht ihr am Sonntag?

_____ Opa.

_____ Oma.

_____ Freunde und Freundinnen.

Wem gebt ihr die Karotten?

_____ Hamster.

_____ Katze.

_____ Kanarienvögeln.

14 Ergänze: *wer, wen, wem?* Antworte frei.

1. _____ kommt heute Abend?

_____

2. _____ lädst du zur Party ein?

_____

3. _____ tut der Kopf weh?

_____

4. _____ gehören die Tabletten?

_____

5. _____ findest du sympathisch?

_____

6. _____ geht es nicht gut?

_____

7. _____ ist der Mann da?

_____

8. _____ siehst du in der Schule?

_____

15 Stell Fragen.

1. _____? – Mir tut der Bauch weh.

2. _____? – Nein, nicht der Kopf, der Hals.

3. _____? – Ihm geht es schlecht.

4. _____? – Ihr geht es ganz gut.

5. _____? – Dem Opa.

6. _____? – Ja, und ich nehme Hustensaft.

16 Offener Dialog: Bei der Ärztin. Was sagst du? Was sagt die Ärztin?

Du fühlst dich krank: ● _____

Die **Ärztin**: ● _____

Dein Hals tut weh: ● _____

Die **Ärztin**: ● _____

_____

Du möchtest Hustensaft,
keine Tabletten: ● _____

_____

Die **Ärztin**: ● _____

_____

Du möchtest nicht in die
Schule: ● _____

Die **Ärztin**: ● _____

_____

Du bedankst dich und
verabschiedest dich: ● _____

17 Richtig schreiben.

Nicki liegt krank zu Hause. Mit dem Computer schreibt sie an ihren Freund Jonas.
Aber der Computer hat einen X-Virus. Kannst du ihn entfernen? Schreib die E-Mail richtig.

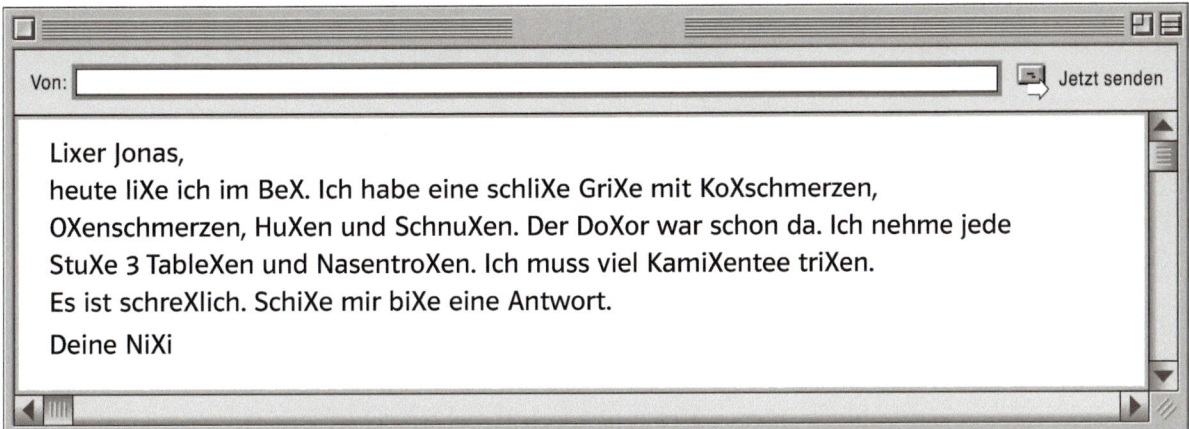

Von:

Lixer Jonas,
heute liXe ich im BeX. Ich habe eine schliXe GriXe mit KoXschmerzen,
OXenschmerzen, HuXen und SchnuXen. Der DoXor war schon da. Ich nehme jede
StuXe 3 TableXen und NasentroXen. Ich muss viel KamiXentee triXen.
Es ist schreXlich. SchiXe mir biXe eine Antwort.
Deine NiXi

Von:

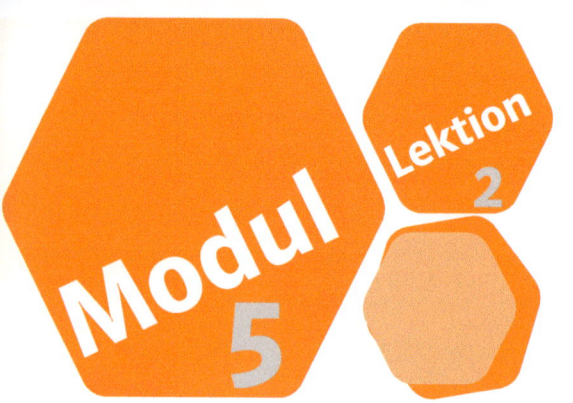

Gesund leben

1 Gesund essen – die neue Diät für alle!
Schreib Sätze mit *dürfen* und *müssen*.

Kinder, ab heute gibt es keine Pommes frites mehr, sondern nur Gemüse und Salat.

→ *Ihr dürft keine Pommes mehr essen! Ihr müsst Gemüse und Salat essen!*

1. Kinder, ab heute gibt es keine Hamburger mehr, sondern Fisch.

→ _____

2. Kinder, ab heute gibt es keine Cola mehr, sondern Milch.

→ _____

3. Kinder, ab heute gibt es keine Schokolade mehr, sondern Joghurt.

→ _____

4. Kinder, ab heute gibt es keinen Milchkaffee mehr zum Frühstück, sondern Müsli.

→ _____

2 Schreib ganze Sätze.

Sport			Magen.
Rauchen	schadet	dem	Körper.
Zu viel Essen	tut ... gut	der	Gesundheit.
Kaffee	hilft	den	Muskeln.
Radfahren			Figur.

Sport tut dem Körper gut. _____

_____

_____

_____

_____

3 Was musst du tun? Was darfst du nicht tun? Ordne zu und schreib Sätze.

1	früh aufstehen
2	abends allein weggehen
3	bis spät fernsehen

| 4 | zu Hause helfen |
| 5 | pünktlich nach Hause kommen |

| 6 | Hausaufgaben machen |
| 7 | rauchen |

| 8 | mein Zimmer aufräumen |
| 9 | bis Mittag schlafen |

Ich muss _____

_____

_____

_____

_____

Ich darf nicht _____

_____

_____

_____

4 Ergänze die Tabelle.

	dürfen
ich	
du	
er, sie, es	darf
wir	
ihr	dürft
sie	
Sie	

5 Ergänze die richtige Form von *dürfen*.

1. _____ ich noch zwei Stunden aufbleiben?

2. Herr Weigel _____ zu Hause nicht mehr rauchen.

3. Tina und Stefan _____ keine Süßigkeiten mehr essen.

4. Die Kinder fragen: „Mutti, _____ wir Cola trinken?"

5. Die Mutter antwortet: „Nein, ihr _____ keine Cola mehr trinken."

6. Der Arzt sagt: „Herr Weigel, Sie _____ nicht mehr rauchen!"

6 Verbotsschilder. Was darf man hier nicht tun?

Hier darf man nicht _____

_____

_____

_____

_____

7 Verbote.
Antworte wie im Beispiel.

Ist das Rauchen hier verboten?   – Ja, *hier darf man nicht rauchen.*

1. Ist Eis essen hier verboten?   – Ja, _____

2. Ist das Spielen hier verboten?   – Ja, _____

3. Ist das Radfahren hier verboten?   – Ja, _____

4. Ist das Autofahren hier verboten?   – Ja, _____

5. Ist das Parken hier verboten?   – Ja, _____

8 Warum? – Weil ...
Welche Frage passt zu welcher Antwort? Schreib dann ganze Sätze mit *weil*.

1. Warum isst du keine Süßigkeiten?   a. Ich habe keinen Hunger.

2. Warum trinkst du Kamillentee?   b. Ich bin müde.

3. Warum isst du so wenig?   c. Sie sind ungesund.

4. Warum gehst du abends nicht weg?   d. Ich habe Bauchschmerzen.

5. Warum gehst du so früh schlafen?   e. Radfahren ist gesund.

6. Warum bleibst du bis 23.00 Uhr auf?   f. Ich will den Krimi sehen.

7. Warum fährst du immer Rad?   g. Meine Eltern wollen es nicht.

Ich esse keine Süßigkeiten, weil sie ungesund sind. _____

_____

_____

_____

_____

_____

_____

9 Antworte frei.

1. Warum isst du keine Pommes mehr?   – Weil _____

2. Warum trinkst du viel Milch?   – Weil _____

3. Warum nimmst du Tabletten?   – Weil _____

4. Warum hat Herr Weigel Übergewicht?   – Weil _____

5. Warum bleibst du zu Hause?   – Weil _____

6. Warum treibst du Sport?   – Weil _____

10 Verbinde die Sätze mit *weil*.

Herr Weigel darf nicht mehr so viel Kaffee trinken. Das ist ungesund.

Herr Weigel darf nicht mehr so viel Kaffee trinken, weil das ungesund ist.

1. Ich esse viel Obst. Ich will gesund bleiben.

_____

2. Ich esse keine Süßigkeiten. Zu viele Süßigkeiten machen dick.

_____

3. Wir dürfen nicht so lange aufbleiben. Wir sind noch zu klein.

_____

4. Ich muss zu Hause bleiben. Ich bin krank.

_____

5. Ich treibe Sport. Ich will fit bleiben.

_____

6. Ich esse viel Gemüse. Gemüse ist gesund.

_____

11 Sätze bauen.

1. wir • keine Cola • trinken • mehr • dürfen

_____

2. dürfen • essen • ich • ein Eis • ab und zu • ?

_____

3. die Kinder • essen • Obst und Gemüse • viel • müssen

_____

4. ab heute • keine Pommes frites • essen • dürfen • mehr • die Kinder

_____

5. ich • viel Gemüse • essen • weil • gesund bleiben • wollen • ich

_____

6. du • viel Milch • müssen • trinken • weil • sein • gesund • Milch

_____

12 Die Schlankheitskur. ▶36
Frau Becker ist zu dick. Sie muss eine Diät machen. Was sagt der Arzt?

Was darf Frau Becker nicht mehr tun?	Was muss Frau Becker tun?
_____	_____
_____	_____
_____	_____
_____	_____

13 Beim Arzt. Ergänze den Dialog.

Herr Schwarz fühlt sich krank. Er ist beim Arzt.

Der Arzt: ● Was fehlt Ihnen, Herr Schwarz?

Herr Schwarz: ● Ich glaube, ich bin krank. Ich habe Kopfschmerzen und seit gestern habe
ich auch Herzschmerzen.

Der Arzt: ● Arbeiten Sie viel? Wie viele Stunden pro Tag?

Herr Schwarz: ● _____

Der Arzt: ● Trinken Sie viel Kaffee?

Herr Schwarz: ● _____

Der Arzt: ● Treiben Sie regelmäßig Sport?

Herr Schwarz: ● _____

Der Arzt: ● Ich sehe, Sie haben Übergewicht. Essen Sie viel?

Herr Schwarz: ● _____

Der Arzt: ● Nehmen Sie Tabletten oder Medikamente?

Herr Schwarz: ● _____

Der Arzt: ● Herr Schwarz, Sie leben sehr ungesund!

Herr Schwarz: ● Ja, aber was soll ich machen?

Der Arzt: ● _____

_____

Herr Schwarz: ● Ach so, ich verstehe. Gut, Herr Doktor, das werde ich tun.

Auf Wiedersehen.

Der Arzt: ● Auf Wiedersehen, Herr Schwarz.

14 Stell Fragen.

1. _____ ? – Nein, du darfst nicht!

2. _____ ? – Nein, du musst Hausaufgaben machen.

3. _____ ? – Ja, ihr dürft.

4. _____ ? – Weil das gesund ist.

5. _____ ? – Weil ich fit bleiben will.

15 Hier sind alle Zutaten für einen Kartoffelsalat versteckt (9 Wörter).

K	A	R	T	O	F	F	E	L	N	E	Ö
S	C	K	R	E	S	S	E	A	U	S	L
A	B	L	M	E	O	G	U	R	K	S	L
L	R	H	Z	R	M	H	B	T	N	I	X
Z	W	I	E	B	E	L	A	O	U	G	T
M	L	D	I	K	P	F	E	F	F	E	R
R	A	D	I	E	S	C	H	E	N	T	U
I	S	E	N	F	N	K	E	N	G	H	R

16 Ein Rezept formulieren: mündlich – schriftlich.
Schreib das Rezept „Bratkartoffeln" für ein Kochbuch.

Du sagst:	Man schreibt: (Infinitiv)
„Du musst ½ Liter Salzwasser zum Kochen bringen.	½ Liter Salzwasser zum Kochen bringen.
Dann musst du die Kartoffeln schälen, waschen, in Scheiben schneiden und ins kochende Wasser geben.	
Du musst Öl in einer Pfanne erhitzen. Du musst die Zwiebeln schneiden und im Öl anbraten.	
Dann musst du den Würfelschinken und die Kartoffeln dazugeben."	

17 Schreib die Wörter mit Farbstift in die Listen.
(blau = maskulin, rot = feminin, grün = neutral)

Käse   Tomate   Schinken   Ei   Reis   Rezept
Kartoffel   Wasser   Pfeffer   Fleisch   Salat
Karotte   Kuchen   Salz   Pfanne   Butter
Pizza   Öl   Zwiebel   Radieschen   Fisch

der	die	das

18 Richtig schreiben.
Was ist richtig, was ist falsch? Streich die falschen Wörter durch.

~~fet~~	fett
Löfel	Löffel
Kartoffel	Kartofel
mollig	molig
Süsigkeiten	Süßigkeiten
Reiss	Reis
Opst	Obst
Pfeffer	Pffefer
Kaffe	Kaffee
Tee	Tea
Zucker	Zukcer

19 Darf ich … ?
Du fragst deine Eltern, Geschwister oder deinen Lehrer / deine Lehrerin / …
Schreib ganze Sätze wie im Beispiel.

Du möchtest:

- am Abend mit (einer Freundin / einem Freund) ins Kino gehen
- einen Kletterkurs / Karatekurs / … machen
- den Roller / den Tennisschläger / das Fahrrad (von …) nehmen
- ein schönes T-Shirt / ein Eis / … kaufen
- spät am Abend etwas im Fernsehen sehen
  (z.B. Tennisturnier / Film / Formel-1-Rennen)
- nach Hause gehen: Es geht dir schlecht.
- am Wochenende mit Freunden nach … fahren
- …

Darf ich heute Abend mit Ralf ins Kino gehen?

_____
_____
_____
_____
_____
_____
_____
_____

20 Du sollst …, du möchtest aber nicht!
Frag: Muss ich wirklich …? Schreib ganze Sätze wie im Beispiel.

Du sollst …

- mit den Eltern in die Stadt gehen
- am Samstagnachmittag bei der Gartenarbeit helfen
- am Abend früh ins Bett gehen
- dich bei den Nachbarn entschuldigen (du warst frech)
- die warme Jacke anziehen (du magst die Jacke nicht)
- Karotten essen (sie sind gesund, aber du magst keine Karotten)
- zum Zahnarzt gehen
- …

Muss ich wirklich mit in die Stadt gehen?

_____
_____
_____
_____
_____
_____
_____

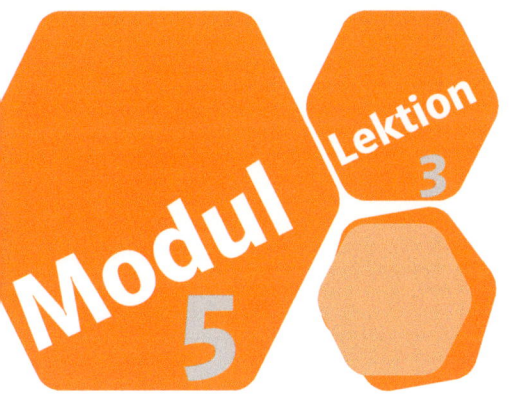

Tina hat sich wehgetan

1 Ergänze den Text: Partizip Perfekt.

passiert • gemacht • geblieben • gebracht • runtergefahren
gefahren • zusammengestoßen • gestürzt • stehen geblieben

In den Winterferien sind wir ins Gebirge nach Garmisch _____ .

Dort habe ich einen Skikurs _____ .

Am letzten Tag ist leider ein Unfall _____ . Ich bin schnell die Piste

_____ . Plötzlich ist ein Skiläufer mitten auf der Piste

_____ . Wir sind _____ und ich bin

_____ . Dann hat man mich ins Krankenhaus _____

und ich bin zwei Tage da _____ .

2 Was hat Michael gestern nicht gemacht? Was hat er gemacht?
Schreib Sätze wie im Beispiel.

–	+
nicht frühstücken	viel Milch trinken
Michael hat nicht gefrühstückt.	_Er hat viel Milch getrunken._
1. nicht nach Berlin fahren	im Internet surfen
2. nicht Fußball spielen	in die Turnhalle gehen
3. nicht fernsehen	am Computer spielen
4. nicht zu Hause bleiben	eine Radtour machen

3 Schreib das Partizip Perfekt.

frühstücken	_____	machen	_____
spielen	_____	lernen	_____
stürzen	_____	holen	_____
fahren	_____	sehen	_____
essen	_____	kommen	_____
gehen	_____	helfen	_____
bleiben	_____	trinken	_____
besuchen	_____	passieren	_____
aufsteigen	_____	zurückkommen	_____
fernsehen	_____	zusammenstoßen	_____
sein	_____	haben	_____

4 *haben* oder *sein*? Sortier die Verben von Übung 3.

sein	haben
ist gestürzt	hat gefrühstückt

5 Nicole, was hast du gestern gemacht? Erzähl mal!

7.00 Uhr (aufstehen)

Ich bin um sieben Uhr aufgestanden.

1. 7.15 Uhr (frühstücken)

Ich habe um Viertel nach

2. 7.40 Uhr (zur Schule fahren)

Um

3. 8.00 – 13.00 Uhr (in der Schule bleiben)

4. 13.10 Uhr (nach Hause zurückfahren)

5. 13.30 Uhr (zu Mittag essen)

6. 14.00 – 14.30 Uhr (fernsehen)

7. 14.30 – 17.00 Uhr (Hausaufgaben machen)

8. 17.15 Uhr (zu Elena gehen, am Computer spielen)

9. 19.00 Uhr (zu Abend essen)

10. 20.00 – 21.00 Uhr (fernsehen)

11. 21.15 Uhr (ins Bett gehen)

6 Peter erzählt: Wir sind letztes Jahr nach Venedig gefahren …

nach Venedig – fahren   nachmittags – mit Roberta Italienisch lernen
im Hotel Luna – wohnen   abends – in die Pizzeria gehen
zwei Wochen – bleiben   sehr schön – sein
vormittags – spazieren gehen

Letztes Jahr _____

_____

_____

_____

_____

_____

7 Spielt den Dialog. Wechselt auch die Rollen.

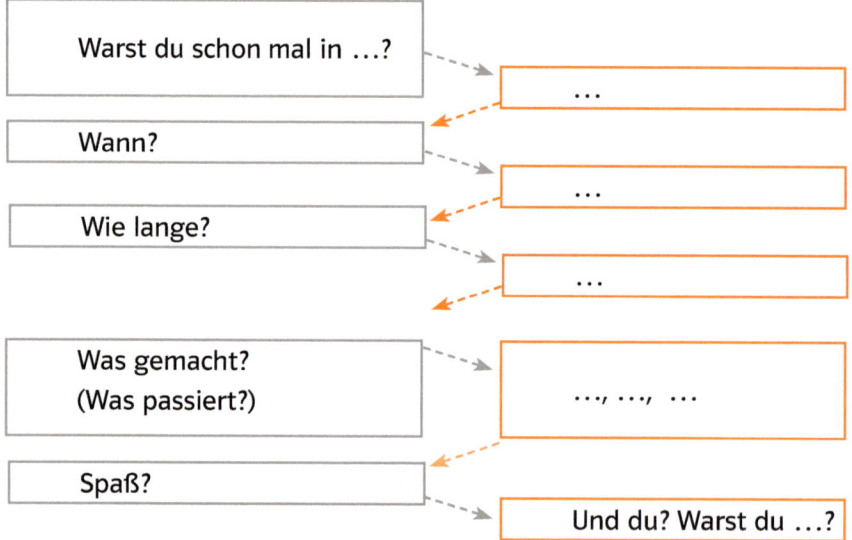

| Warst du schon mal in …? |
| … |
| Wann? |
| … |
| Wie lange? |
| … |
| Was gemacht? (Was passiert?) |
| …, …, … |
| Spaß? |
| Und du? Warst du …? |

8 Ergänze.

1. Ich bin letzt_____ Monat nach Garmisch gefahren.

2. Der Unfall ist _____ drei Tag_____ passiert.

3. Letzt_____ Jahr sind wir in Frankreich gewesen.

4. _____ habe ich mir wehgetan.

5. Wir sind _____ zwei Woch_____ aus dem Urlaub zurückgekommen.

6. Ich habe ihn _____ gesehen.

9 Antworte frei.

1. Was hast du gestern gemacht?

_____

2. Wo bist du letzten Sommer gewesen?

_____

3. Wohin bist du letzte Woche gefahren?

_____

4. Wann hast du Peter gesehen?

_____

5. Wann hast du Hausaufgaben gemacht?

_____

6. Wen hast du in der Schule gesehen?

_____

10 Wo waren sie? Wann? Wie lange …? ▶41

	Peter	Karin
Wohin?		
Wann?		
Wie lange?		
Mit wem?		
Was?		

11 *sein* oder *haben*? Ergänze in der richtigen Form.

Letzten Sonntag _____ ich mit dem Zug nach München gefahren, ich _____ dort
meine Tante Doris besucht.

Aber dann _____ leider etwas passiert: Am Bahnhof _____ ich ein Taxi genommen.

Aber das Taxi _____ mit einem Radfahrer zusammengestoßen. Es war schlimm:

Der Radfahrer _____ gestürzt und _____ sich den Arm gebrochen. Er _____ große
Schmerzen gehabt.

Der Taxifahrer _____ ihn gleich ins Krankenhaus gebracht. Ich _____ mitgefahren.

Ein Arzt _____ sich den Arm angesehen und ich _____ meine Tante angerufen. Sie
_____ gleich gekommen und _____ mich abgeholt. Wir _____ dann noch gemütlich
Kaffee getrunken und Kuchen gegessen. Es war dann noch ein schöner Sonntag!

12 Richtig schreiben.

1. *z* oder *tz* oder *tzt*: Pla____ , plö____lich, stür____en, Är____tin, le____e Woche

2. *nk* oder *ng*: schla____ , Fi____er, Ba____ , bri____en, kra____

3. *ü* oder *üh*: ____bung, f____len, M____e, s____ß, f____r

4. *f* oder *v*: ____orgestern, zu____rieden, ____ehlen, ____or, so____ort

13 Stell Fragen.

1. _____?
   Ich bin an die Ostsee gefahren.

2. _____?
   Letzte Woche.

3. _____?
   Ich habe jeden Tag gebadet.

4. _____?
   Zwei Wochen.

5. _____?
   Im Hotel Seeblick.

6. _____?
   Ja, ich habe viel Spaß gehabt.

14 Kombinationen: trennbare Verben

Was passt zu

– fahren? _____

– fallen? _____

– gehen? _____

los-   hin-   weg-   mit-   fort-   runter-   ab-

Schreib kurze Beispielsätze.

abfahren: Wann fährt der Zug ab? _____

_____

_____

_____

_____

Hier findest du die Einzelwörter und die Sätze aus den Lektionen Seite für Seite (Sg. = nur Singular, Pl. = nur Plural). Hier findest du auch die Betonungszeichen für den Wortakzent: <u>Oh</u>r = betonter, langer Vokal, K<u>o</u>pf = betonter kurzer Vokal. Ab Lektion 3 sind dann die unregelmäßigen Verben hervorgehoben. Ganz links findest du die Seitenzahl im Kursbuch.

Schreib die Übersetzung in die rechte Spalte.

Lektion 1:		Meine Sprache
56	w<u>e</u>htun	Was tut dir weh?	
	der K<u>o</u>pf, K<u>ö</u>pfe	Mir tut der Kopf weh.	
	das <u>Au</u>ge, -n		
	der H<u>a</u>ls, H<u>ä</u>lse	Mir tut der Hals weh.	
	der <u>A</u>rm, -e		
	die H<u>a</u>nd, H<u>ä</u>nde		
	der F<u>i</u>nger, –		
	der Z<u>a</u>hn, Z<u>ä</u>hne	Mir tut ein Zahn weh.	
	das <u>Oh</u>r, -en	Mir tun die Ohren weh.	
	die N<u>a</u>se, -n		
	der M<u>u</u>nd, M<u>ü</u>nder		
	der B<u>au</u>ch, B<u>äu</u>che	Mir tut der Bauch weh.	
	das B<u>ei</u>n, -e		
	der F<u>u</u>ß, F<u>ü</u>ße	Mir tun die Füße weh.	
58	die Kr<u>a</u>nkheit, -en	Erkennst du die Krankheit?	
	kr<u>a</u>nk	Er ist krank.	
	die K<u>o</u>pfschmerzen (Pl.)	Er hat Kopfschmerzen.	
	die H<u>a</u>lsschmerzen (Pl.)	Hast du Halsschmerzen?	
	die B<u>au</u>chschmerzen (Pl.)	Ich habe Bauchschmerzen.	
	die Z<u>a</u>hnschmerzen (Pl.)	Wer hat Zahnschmerzen?	
	die Gr<u>i</u>ppe (Sg.)		
	das F<u>ie</u>ber (Sg.)		
	der H<u>u</u>sten (Sg.)		
	der Schn<u>u</u>pfen (Sg.)	Ich habe eine Grippe mit Fieber, Husten und Schnupfen.	
59	das M<u>ä</u>dchen, –		
	die Zw<u>i</u>llinge (Pl.)		

60	das Medikament, -e	Welches Medikament brauchst du?	
	die Tablette, -n		
	die Halstablette, -n		
	der Hustensaft, -säfte	Willst du Halstabletten oder lieber Hustensaft?	
	die Nasentropfen (Pl.)		
	der Kamillentee (Sg.)	Trink Kamillentee!	
	die Schmerztablette, -n	Brauchst du Schmerztabletten?	
61	das Aspirin (Sg.)	Nehmen Sie Aspirin!	
62	die Meinung, -en		
	der Arzt, Ärzte	Das ist die Meinung des Arztes.	
	das Problem, -e	Haben Sie Probleme?	
	der Rat, Ratschläge	Brauchen Sie einen Rat?	
	der Doktor, Doktoren Herr / Frau Doktor!	Herr Doktor, ich brauche einen Rat.	
	die Antwort, -en		
	passend		
	jeder, jede, jedes	Er hat für jeden die passende Antwort.	
	die Redaktion, -en	Schreiben Sie an die Redaktion!	
	fit	fit sein	
	gesund		
	das Postfach, -fächer		
	geehrter / geehrte	Sehr geehrter Doktor B. ... / Sehr geehrte Frau Doktor A. ...	
	seit + Dativ	seit einiger Zeit	
	regelmäßig		
	morgens		
	schlimm	Morgens ist es besonders schlimm.	
	der Hausarzt, -ärzte		
	der Stress (Singular)	Das ist der Schulstress.	
	der Pickel, –	Sie hat Pickel.	

hübsch	Sie ist sehr hübsch.	
einfach		
schrecklich	Ich finde meine Pickel einfach schrecklich.	
einen Rat geben	Können Sie mir einen Rat geben?	
nachmittags		
abends	Nachmittags und abends habe ich Kopfschmerzen.	
sich konzentrieren	Ich kann mich nicht mehr konzentrieren.	
(etwas) tun, ich tue, er tut	Was soll ich tun?	
vielleicht		
ein paar	ein paar Tage	
zu viel	Sie arbeiten zu viel.	
spazieren gehen	Gehen Sie viel spazieren!	
rauchen		
weniger	Rauchen Sie weniger!	
helfen, er hilft		
sowieso	Das hilft sowieso nicht.	
der / die Jugendliche, -n	alle Jugendlichen	
dasselbe	Alle haben dasselbe Problem.	
bestimmt		
vorbei	In ein paar Jahren ist es bestimmt vorbei.	
inzwischen		
das Gesicht, -er		
das Gesichtswasser (Sg.)		
die Gesichtscreme, -s		
verwenden	Verwende Gesichtswasser oder eine Gesichtscreme.	
vor allem		
nervös		

Meine neuen Wörter

Lektion 2:		Meine Sprache
64 das Obst (Sg.)	Sie isst nur Obst.	
das Gemüse (Sg.)	Gemüse ist gesund.	
das Ketchup (Sg.)	Ich mag Ketchup.	
der Fisch, -e	Isst du oft Fisch?	
das Fleisch (Sg.)	Sie isst kein Fleisch.	
selten		
zu Fuß	Er geht selten zu Fuß.	
der Punkt, -e	Wie viele Punkte hast du?	
die Gesundheit (Sg.)	Tu was für die Gesundheit!	
ungesund		
gefährlich	Du lebst ungesund und gefährlich.	
Achtung!		
66 die Gefahr, -en	Er ist in Gefahr.	
rauchen	Er raucht zu viel.	
schaden + Dativ	Rauchen schadet der Gesundheit	
fit halten	Sport hält fit.	
der Feinschmecker, -		
das Lieblingsessen, -		
der Schweinebraten, -		
das Sauerkraut (Sg.)	Sein Lieblingsessen ist Schweinebraten mit Sauerkraut.	

das Kilo, -s	
das Übergewicht (Sg.)	Er hat 15 Kilo Übergewicht.
meinen	Was meinst du?
mollig	
die Bank, -en	Er arbeitet in der Bank.
die Überstunde, -n	Er macht viele Überstunden.
die Freizeit (Sg.)	Er hat nicht viel Freizeit.
die Zigarette, -n	
ab	ab heute
dürfen, ich darf, er darf	Darf ich den Film ansehen?
fett	
die Speise, -n	
nicht mehr	Ab heute darfst du keine fetten Speisen mehr essen und nicht mehr rauchen.
der Muskel, -n	Sport hilft den Muskeln.
sportlich	
dynamisch	Ich will einen sportlichen, dynamischen Mann.
67 das Schwarzbrot, -e	
die Süßigkeiten (Pl.)	Er mag Süßigkeiten.
der Vegetarier, - die Vegetarierin, -nen	Vegetarier essen kein Fleisch.
der Veganer, - die Veganerin, -nen	Veganer essen überhaupt keine Tierprodukte.
die Nudeln (Pl.)	
das Müsli, -s	
das Sojaprodukt, -e	
aus	Das ist Käse aus Soja.
lecker	
schmecken	Sojaprodukte sind lecker, sie schmecken sehr gut.
der Bioladen, -läden	
das Bioprodukt, -e	Bioprodukte gibt es in Bioläden.

bzw.	beziehungsweise	
68 der Magen, Mägen	Kaffee schadet dem Magen.	
müde	Er ist immer müde.	
nie	Er treibt nie Sport.	
69 das Brötchen, -		
die Tomate, -n		
die Kartoffel, -n		
die Karotte, -n		
die Vollmilch (Sg.)		
der Löffel, -	1 Esslöffel / 1 Teelöffel	
die Butter (Sg.)	1 Teelöffel Butter	
die Eiscreme (Sg.)	Kinder lieben Eiscreme.	
die Birne, -n		
der Honig (Sg.)		
die Bratwurst, -würste		
der Rinderbraten, -		
der Schinken, -		
der Reis (Sg.)	Reis ist gesund.	
das Ei, Eier		
die Kalorie, -n	Ein Kind braucht mehr als 2000 Kalorien pro Tag.	
das Tagesmenü, -s		
die Turnhalle, -n		
die Aerobic (Sg.)	Sie macht Aerobic.	
die Gymnastik (Sg.)	Sie macht Gymnastik.	
70 die Zutat, -en	Zutaten für einen Kartoffelsalat	
die Portion, -en	eine Portion Kartoffelsalat	
1 kg	1 Kilogramm	
die Zwiebel, -n	3 Zwiebeln	
das Radieschen, -	*sprich: Radies-chen*	
die Kresse		
der Essig (Sg.)		

das Öl (Sg.)		
der Senf (Sg.)		
das Salz (Sg.)		
der Pfeffer (Sg.)		
der Zucker (Sg.)	eine Prise Zucker	
das Salzwasser (Sg.)		
kochen	Du musst das Salzwasser zum Kochen bringen.	
abgießen	das Wasser abgießen	
abkühlen lassen	die Kartoffeln abkühlen lassen	
schälen		
waschen, er wäscht	Du musst die Kartoffeln zuerst schälen und waschen.	
schneiden		
die Scheibe, -n	Dann musst du sie in Scheiben schneiden.	
dazugeben, er gibt dazu	den Senf dazugeben	
würzen	mit Salz und Pfeffer würzen	
die Gabel, -n		
der Mixer, -		
verquirlen	mit dem Mixer verquirlen	
die Pfanne, -n		
erhitzen	Du musst das Öl in die Pfanne geben und erhitzen.	
anbraten, er brät an	die Zwiebeln anbraten	
mischen		
verteilen		
darauf / darauf	Zuletzt musst du die Kresse darauf verteilen.	
71 das Lieblingsessen, -		
zunehmen, er nimmt zu	Nina hat 10 Kilo zugenommen.	
sich vollstopfen	Sie stopft sich mit Süßigkeiten voll.	
der Gedanke, -n	Sie macht sich Gedanken.	
der Spiegel, -		

sich betrachten	Sie betrachtet sich im Spiegel.	
sich hassen	Sie hasst sich.	
die Figur, -en	Sie möchte eine gute Figur haben.	
73 der Schluss, Schlüsse	Schluss damit!	

Meine neuen Wörter

Lektion 3:		Meine Sprache
74 die Radtour, -en	Ich wollte eine Radtour machen.	
der Keller, -		
holen	Ich habe das Fahrrad aus dem Keller geholt.	
aufsteigen, ich steige auf	Ich bin aufs Fahrrad aufgestiegen.	
plötzlich		
der Fußgänger, -		
mitten auf		
der Radweg, -e		
stehen bleiben	Plötzlich ist ein Fußgänger mitten auf dem Radweg stehen geblieben.	
bremsen	Ich konnte nicht bremsen.	
zusammenstoßen	Ich bin mit ihm zusammengestoßen.	

stürzen	Ich bin gestürzt.	
das Pech (Sg.)	So ein Pech!	
passieren	Ihm ist nichts passiert.	
gestern		
75 weitergehen	Wie geht es weiter?	
selbst	Sie steht von selbst auf.	
Bus, Busse		
das Taxi, -s		
76 die Schlankheitskur, -en		
abnehmen, er nimmt ab	Herr Weigel hat 10 Kilo abgenommen.	
fühlen	Jetzt fühlt er sich besser.	
die Mühe, -n		
sich lohnen	Die Mühe hat sich gelohnt.	
zufrieden	Er ist zufrieden.	
vorgestern	Das ist vorgestern passiert.	
vor	vor zehn Tagen	
letzt..	letzte Woche, letztes Jahr	
77 das Krankenhaus, -häuser		
stark	Sie hat starkes Fieber.	
fehlen	Was fehlt dir?	
bringen	Man hat mich ins Krankenhaus gebracht.	
der Virus, Viren	Es ist wahrscheinlich ein Virus gewesen.	
schwach	Ich bin noch schwach.	
nächst..	nächsten Sommer	
Schluss machen	Ich mache jetzt Schluss.	
78 der Unfall, Unfälle	Sie hatte einen Unfall.	
der Skiunfall, Skiunfälle		
brechen, er bricht	Tobias hat sich ein Bein gebrochen.	
die Bildergeschichte, -n		
der Zug, Züge	mit dem Zug fahren	

der Rucksack, Rucksäcke		
sitzen	Sie sitzt auf dem Koffer.	
der Bahnhof, -höfe	Sie gehen zum Bahnhof.	
die Piste, -n	Wo ist die Skipiste?	
voll	Der Zug ist voll.	
der Platz, Plätze	Er hat keinen Platz.	
runterfahren, er fährt runter	Sie fahren die Piste runter.	
der Skifahrer, -	Es gab nur wenige Skifahrer.	
hinfallen, er fällt hin	Er ist hingefallen.	
beschreiben	Beschreib das Bild.	
79 das Jugendzentrum, - zentren	Wir waren in einem Jugendzentrum.	
intensiv	Er hat intensiv gelernt.	
die Wanderung, -en		
80 **anrufen, ich rufe an**	Ich habe meine Tante angerufen.	
abholen, ich hole ab	Sie hat mich abgeholt.	
81 Glück haben	Er hat Glück gehabt.	

Meine neuen Wörter

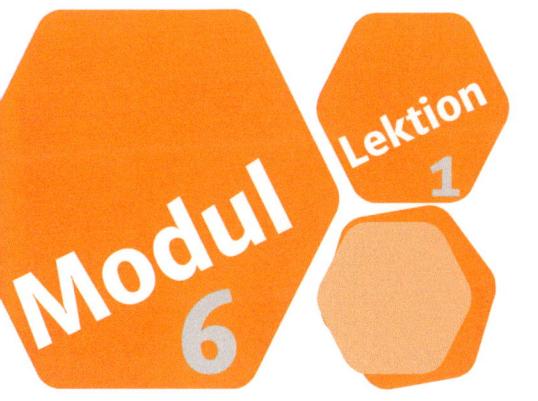

Wo ist denn hier … ?

1 Bau Sätze wie im Beispiel.

Tina Stefan Herr und Frau Weigel	ist sind steht stehen sitzt sitzen	vor in an neben	dem der	Eisdiele. Café. Kino. Haltestelle. Auto. Goethestraße. Bahnhof.

Herr und Frau Weigel stehen an der Haltestelle.

_____

_____

_____

_____

_____

_____

2 *stehen* oder *sitzen*? Ergänze.

Tina _____ im Café.

Stefan _____ neben dem Auto.

3 *der* oder *dem*? Ergänze.

1. Wir treffen uns vor _____ Kino.

2. Wir treffen uns in _____ (= im) Café.

3. Wir treffen uns in _____ (= _____) Mediamarkt.

4. Wir treffen uns vor _____ Museum.

5. Wir treffen uns in _____ Schule.

6. Wir treffen uns in _____ (= _____) Park.

7. Wir treffen uns vor _____ Buchhandlung.

8. Wir treffen uns vor _____ Kirche.

4 *in, vor, an, hinter, neben*? Benutze den Stadtplan auf Seite 102 im Kursbuch. Ergänze auch den Artikel.

1. Wo liegt das Café „Basar"? – _____ d_____ Schule.

2. Wo liegt das Kaufhaus? – _____ d_____ St. Georg-Kirche.

3. Wo liegt das Gymnasium? – _____ d_____ Stephansplatz.

4. Wo ist die Pizzeria? – _____ d_____ Sebastianstraße.

5. Wo ist die Eisdiele? – _____ d_____ Kino.

6. Wo ist der Mediamarkt? – _____ d_____ St. Georg-Kirche.

7. Wo liegt der Blumenladen? – _____ d_____ Konditorei.

5 Wo steht das Fahrrad?

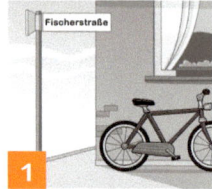

In der Fischerstraße. _____ _____ _____

_____ _____ _____

6 Was passt zusammen?

1. Wo liegt die Bank?
2. Liegt das City-Hotel vor der Post?
3. Gibt es hier eine Pizzeria?
4. Wo ist Stefan?
5. Treffen wir uns im Café?
6. Wo ist das Rathaus?

a. Ja, in der Sebastianstraße.
b. Am Rathausplatz.
c. Neben der Sprachschule.
d. Nein, vor der Apotheke.
e. Er sitzt im Park.
f. Nein, im Mediamarkt.

7 Ergänze: *vor* oder *in*?

1. Wo essen wir? (Pizzeria) — Natürlich in der Pizzeria! _____
2. Wo parkst du das Auto? (Parkhaus) _____
3. Wo lernst du Englisch? (Sprachschule) _____
4. Wo ist ein Taxi? (Kino) _____
5. Wo triffst du deine Freunde? (Mediamarkt) _____
6. Wo ist eine Haltestelle? (Hotel) _____
7. Wo machst du Gymnastik? (Park) _____

8 Ergänze die Tabelle.

wissen	
ich	
du	
er, sie, es	
wir	wissen
ihr	wisst
sie	
Sie	

9 Ergänze die richtige Form von *wissen*.

1. Wo ist das Astra-Kino? – Das _____ ich nicht.
2. Wir _____ nicht, wo das Café „Basar" ist.
3. Du _____ bestimmt, wo die Post ist, nicht wahr?
4. Herr Meier, _____ Sie, wo das City-Hotel ist?

10 Wo treffen wir uns? Hör zu und füll die Tabelle aus. ▶51

	1.	2.	3.
Treffpunkt?			
Wo ist das?			
Wann?			

11 Was kann man hier kaufen?

1. In __dem__ (__Im__) Gemüsegeschäft kann man ____Obst und Gemüse____ kaufen.

2. In _____ Bäckerei kann man _____ kaufen.

3. In _____ Buchhandlung kann man _____ kaufen.

4. In _____ Metzgerei kann man _____ kaufen.

5. In _____ (_____) Supermarkt kann man _____ kaufen.

12 Frau Weigel hat überall etwas liegen lassen.

die Tasche   das Kaufhaus
das Brot   die Bäckerei
die Eier   der Bioladen
der Salat   der Supermarkt
der Käse   die Konditorei
der Kuchen   das Gemüsegeschäft
die Zeitung   die Buchhandlung
die Äpfel   die Metzgerei

1. __Frau Weigel hat die Tasche im Gemüsegeschäft liegen lassen.__

2. __Das Brot hat sie__ _____

3. _____

4. _____

5. _____

6. _____

7. _____

8. _____

13 Plätze in der Stadt. Lies den Text.

Eine Stadt braucht Plätze. Sie machen die Stadt lebendig. Auf dem Platz kann man Leute treffen, sich unterhalten, in der Sonne sitzen, Zeitung lesen …
In fast allen deutschen Städten gibt es einen oder mehrere Marktplätze. Hier findet wöchentlich ein Markt statt. Man kann Obst, Gemüse, Blumen, Käse, Wurst usw. kaufen. Manchmal sieht man auf den Plätzen Straßenmusikanten. Sie geben ein kleines Konzert und die Leute hören gern zu.
Plätze sind gut für Feste: Stadtteilfeste, Weinfeste … Es gibt natürlich auch viele Cafés, wo man sich bei Kaffee und Kuchen ausruhen, mit Eis oder einer Cola erfrischen kann.

Was ist richtig (R)? Was ist falsch (F)? Kreuz an.

	R	F
1. Plätze sind für eine Stadt sehr wichtig.	○	○
2. Auf den Plätzen kann man auch Fußball spielen.	○	○
3. Plätze sind ein idealer Treffpunkt.	○	○
4. Fast jede deutsche Stadt hat einen Marktplatz.	○	○
5. Straßenmusikanten spielen nicht gern auf den Plätzen.	○	○
6. Auf den Plätzen finden Stadtteilfeste statt.	○	○
7. An den Plätzen gibt es viele Cafés.	○	○

14 Bau Sätze.

1. Mediamarkt • liegen • Buchhandlung • neben

_____

2. Apotheke • Kaiserstraße • sein

_____

3. Kino • liegen • Supermarkt • neben

_____

4. Blumenladen • liegen • neben • Kaufhaus

_____

5. Café • Marktplatz • liegen • an

_____

6. in • wir • treffen • Café „Basar" • uns

_____

7. Cafés • Fußgängerzone • gibt • in • es

_____

15 Stell Fragen.

1. _____? – In der Jakoberstraße.

2. _____? – Neben dem Kaufhaus.

3. _____? – Im Mediamarkt.

4. _____? – Im Bioladen.

5. _____? – Ja, um die Ecke.

6. _____? – In der Bäckerei oder im Supermarkt.

16 sich treffen: *uns* oder *sich*?

1. Wo wollen wir _____ treffen?

2. Treffen wir _____ doch um 5 Uhr bei Markus!

3. Markus und seine Freunde treffen _____ zum Fernsehen.

4. Tina trifft _____ mit ihrer Freundin in der Stadt.

5. Die Weigels und die Martinez haben _____ im Urlaub zufällig an der Algarve getroffen.

17 Partyvorbereitungen zu zweit.

Ines gibt eine Grillparty im Garten. Auf einem Zettel hat sie aufgeschrieben, was sie braucht. Fehlt noch etwas?
Du hilfst Ines bei den Partyvorbereitungen. Wer kauft was wo? Spielt den Dialog.

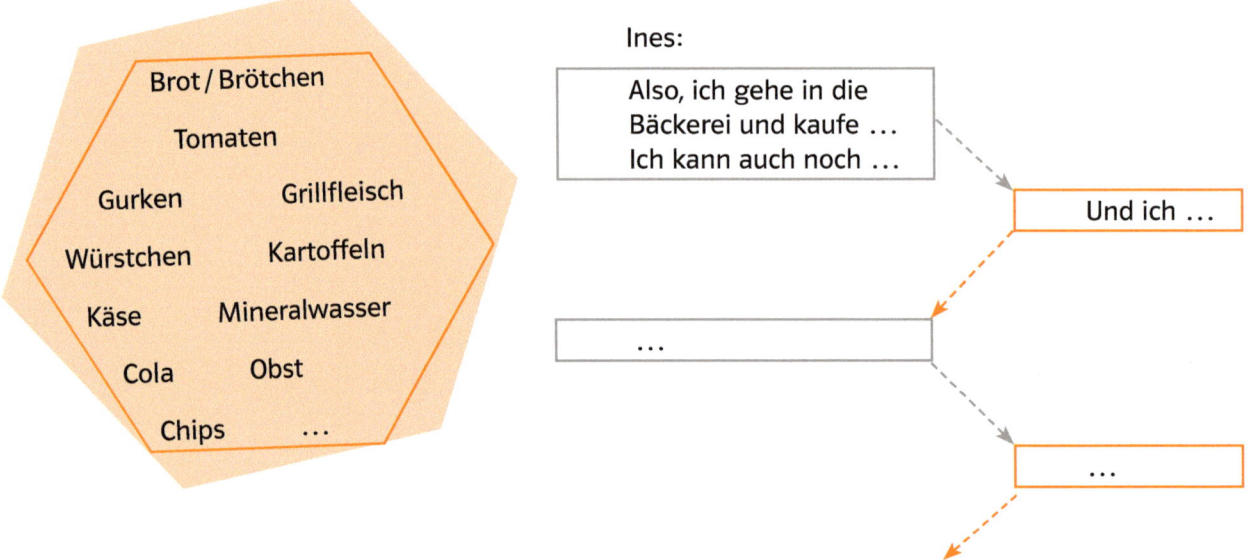

Brot / Brötchen
Tomaten
Gurken   Grillfleisch
Würstchen   Kartoffeln
Käse   Mineralwasser
Cola   Obst
Chips   …

Ines:

Also, ich gehe in die Bäckerei und kaufe …
Ich kann auch noch …

Und ich …

…

…

18 Richtig schreiben.
Was ist richtig? Was ist falsch? Streich die falschen Wörter durch.

der Bahnof	der Bahnhof
die Haltestelle	die Haltstelle
die Kirche	die Kirsche
das Cino	das Kino
das Café	das Caffé
der Kaffe	der Kaffee
das Teater	das Theater
das Restaurant	das Restorant
die Ekke	die Ecke
der Fussgänger	der Fußgänger

19 Hier fehlt etwas: *ß* oder *ss*?

● Peter, wei_____t du, wo Mario wohnt?

◐ Nein, ich wei_____ es auch nicht, aber sicher wi_____en es seine Freunde.

● Hallo, Stefan, hallo Boris, wi_____t ihr, wo Markus wohnt?

◐ Leider wi_____en wir es auch nicht, fragen wir mal unsere Lehrerin, Frau Schröder:

Frau Schröder, wi_____en Sie, wo Mario wohnt?

● Ja, natürlich habe ich seine Adre_____e: Er wohnt in der Langerstra_____e, Nummer 15.

◐ Aha, in der Lange Ga_____e.

● Nein, nicht in der Lange Ga_____e, in der Langerstra_____e.

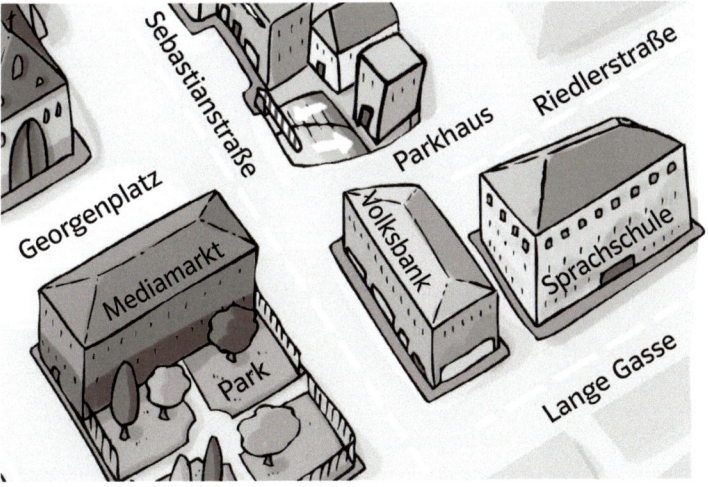

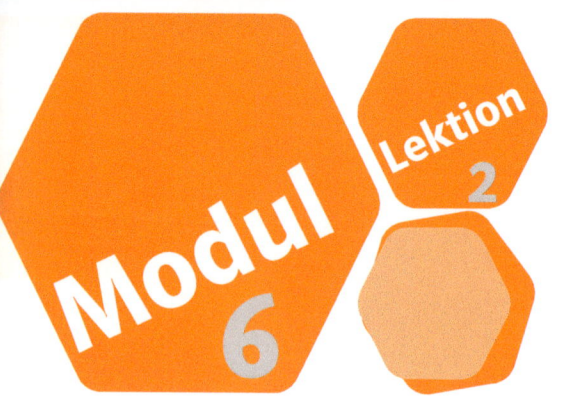

Hast du Lust, ins Kino zu gehen?

1 Keine Zeit, keine Lust. Antworte wie im Beispiel.

⬤ Kommst du mit in die Eisdiele?

⬤ *Tut mir leid, ich habe keine Zeit / keine Lust, in die Eisdiele zu kommen.*

1. Kommst du mit in den Park?

_____

2. Kommst du mit in die Turnhalle?

_____

3. Kommst du mit in die Stadt?

_____

2 Ergänze frei.

1. Hast du Lust, _____ ?

2. Stefan, hast du Zeit, _____ ?

3. Hat Tina Zeit, _____ ?

4. Mutti, hast du Lust, _____ ?

5. Vati, hast du Zeit, _____ ?

3 Eine Einladung. Bernd möchte mit Isabel ausgehen, aber ... ▶56

1. Wohin möchte Bernd mit Isabel gehen? Kreuz an.

⬡ Ins Kino. ⬡ Ins Schwimmbad. ⬡ In die Eisdiele.

⬡ Ins Restaurant. ⬡ In die Stadt. ⬡ In den Park.

2. Was antwortet Isabel?

Sie hat keine Zeit, _____ .

Sie hat keine Lust, _____ .

3. Wie endet das Gespräch? _____

_____ .

4 *wo* oder *wohin*?
Ergänze die Fragen, kreuz die richtigen Antworten an.

Fragen

1. _____ lernst du Englisch?

2. _____ gehen wir heute Abend?

3. _____ essen wir heute?

4. _____ geht Tina um 18.00 Uhr?

5. _____ wohnt Familie Meier?

6. _____ kauft man Briefmarken?

Antworten

⬡ In der Sprachschule.   ⬡ In die Sprachschule.

⬡ Im Theater.   ⬡ Ins Theater.

⬡ Im Restaurant.   ⬡ Ins Restaurant.

⬡ In der Turnhalle.   ⬡ In die Turnhalle.

⬡ Im Stadtzentrum.   ⬡ Ins Stadtzentrum.

⬡ Auf die Post.   ⬡ Auf der Post.

5 Wo? Wohin?
Schreib die Ausdrücke in die richtige Spalte.

ins Restaurant • auf der Bank • im Park • in die Apotheke • in den Supermarkt •

in der Disko • im Kaufhaus • auf die Post • im Tennisclub • im Theater • in die Disko •

in die Schule • in die Konditorei • ins Café • in der Stadt

Wo?	Wohin?

6 Antworte.
Ergänze die Präpositionen und den Artikel.

1. Wohin gehen wir heute Abend? – _____ d_____ (= _____) Kino.

2. Wo treffen wir uns? – _____ d_____ Eisdiele.

3. Wo machst du Gymnastik? – _____ d_____ Turnhalle.

4. Wohin geht Stefan? – _____ d_____ Park.

5. Wo kauft Frau Weigel Gemüse? – _____ d_____ (= _____) Bioladen.

6. Wo lernt Tina Spanisch? – _____ d_____ Sprachschule.

7. Wohin gehst du so schnell? – _____ d_____ Post.

8. Wo kaufst du Medikamente? – _____ d_____ Apotheke.

7 Dialogpuzzle.
Schreib den Dialog in der richtigen Reihenfolge. Spielt dann den Dialog.

O.k. Gehen wir ins Café Bräuner!

Wo denn?

In die Eisdiele Kranz gehe ich nicht so gern. Da ist es immer so voll.

Hallo Klaus, hast du Lust, mit mir Eis essen zu gehen?

Wohin gehen wir dann?

In der Eisdiele Kranz.

Ins Café Bräuner. Da gibt es auch gutes Eis. Und Kuchen!

◆ _____

_____

◇ _____

◇ _____

_____

◆ _____

◇ _____

_____

◆ _____

8 Spielt Dialoge wie in Übung 7.

Computer kaufen → Mediamarkt?
→ Kaufhaus

Gemüse → Bioladen?
→ Supermarkt

joggen → Park?
→ Sportplatz

essen → Restaurant?
→ Wurstbude

9 Wie komme ich zum ... / zur ...?
Schreib die Wörter in die richtige Spalte.

St. Anna-Kirche • Volkstheater • Post • City-Hotel • Stephansplatz • Commerzbank •

Stadtmuseum • Bahnhof • Pizzeria • Parkhaus

zum	zur

10 Taxi, bitte!
Was sagst du zum Taxifahrer?

der Dom   _Zum Dom, bitte!_

1. die Frauenkirche   _____

2. das Stadtmuseum   _____

3. die Post   _____

4. der Bahnhof   _____

5. das City-Hotel   _____

6. die Eisdiele „Venezia" _____

7. das Rathaus   _____

8. die Sprachschule   _____

9. das Stadttheater   _____

11 Zu wem möchtest du?

1. der Direktor   _Zum Direktor, bitte!_

2. Herr Ohlsen   _____Herrn_____

3. Frau Böhler   _____

4. meine Freundin   _____

12 Wegbeschreibung: Welche ist richtig?
Hans, Peter und Monika sind in der Stadt. Sie wollen zur Post und fragen drei Personen:
eine Frau, einen Mann, ein Mädchen.
Welche Wegbeschreibung ist richtig?

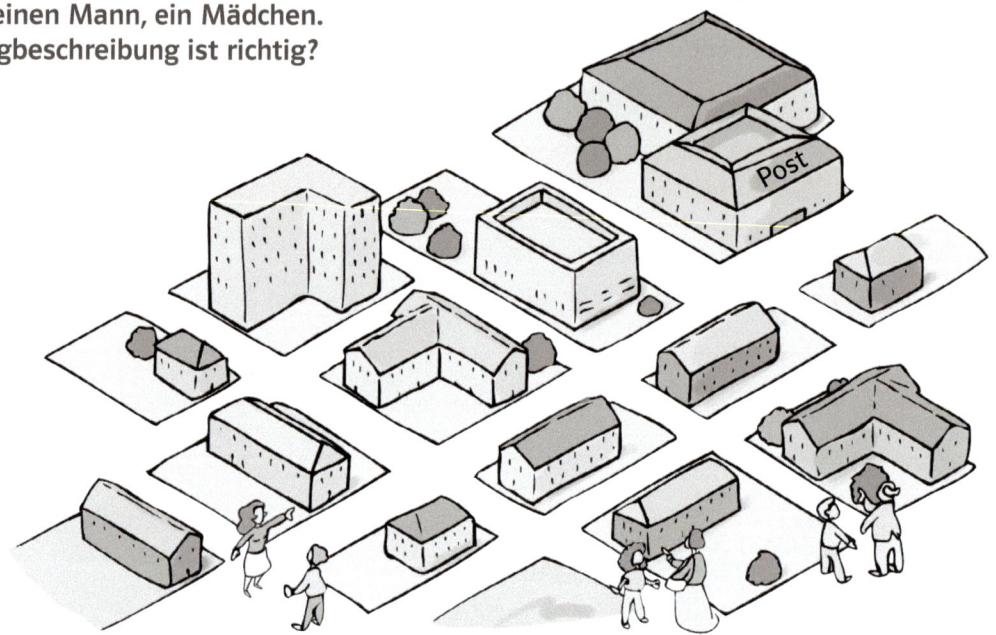

Frau:	Also, du gehst zunächst geradeaus bis zur zweiten Kreuzung. Dann rechts. Immer geradeaus und am Ende der Straße wieder rechts.
Mann:	Immer geradeaus. An der ersten Kreuzung rechts. Dann links. Dann gehst du geradeaus bis zur Kreuzung und auf der rechten Seite siehst du die Post.
Mädchen:	Du gehst geradeaus bis zur ersten Kreuzung. Dann gehst du links. Dann nimmst du die erste Straße rechts. Immer geradeaus. Auf der linken Seite ist die Post.

13 Schreib Sätze wie im Beispiel.

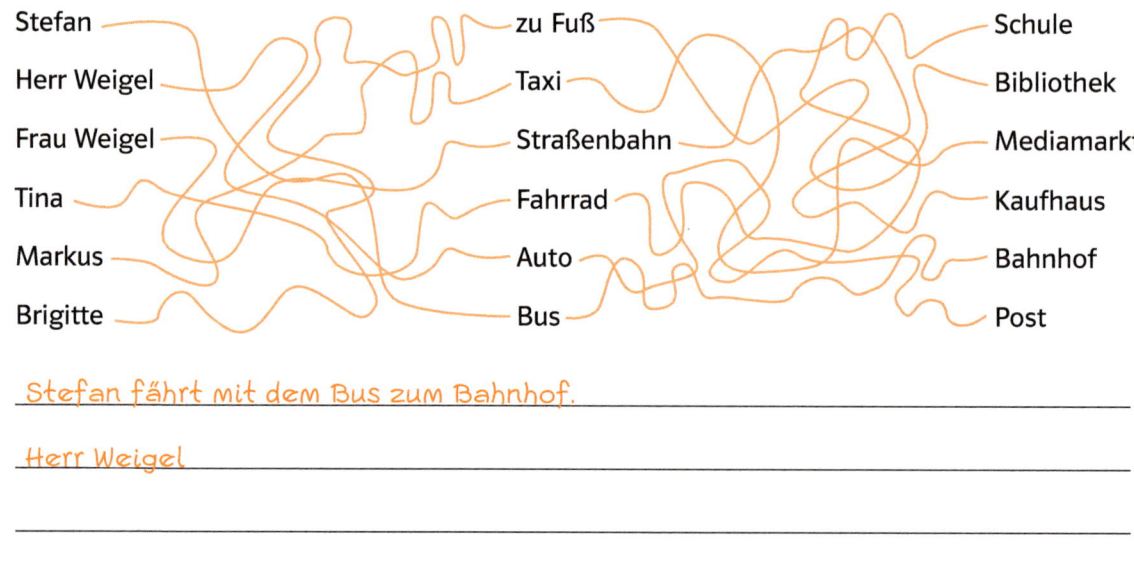

Stefan   zu Fuß   Schule

Herr Weigel   Taxi   Bibliothek

Frau Weigel   Straßenbahn   Mediamarkt

Tina   Fahrrad   Kaufhaus

Markus   Auto   Bahnhof

Brigitte   Bus   Post

Stefan fährt mit dem Bus zum Bahnhof.

Herr Weigel

14 Soll ich mit dem Taxi fahren?
Schreib Minidialoge wie im Beispiel.

der Bus – das Taxi

● Soll ich mit dem Bus fahren?
○ Nein, du fährst am besten mit dem Taxi.

1. das Auto – der Zug

● _____

○ _____

2. der Bus – die U-Bahn

● _____

○ _____

3. die Straßenbahn – das Fahrrad

● _____

○ _____

15 Klassenbesuch

Du hast den Fuß gebrochen und musst zu Hause bleiben. Deine Klassenkameraden wollen dich besuchen.
Beschreib den Weg von der Schule zu dir nach Hause. Du kannst auch eine Zeichnung dazu machen.

Liebe Klasse,
ich freue mich sehr auf euren Besuch.
Ich wohne _____

_____

_____

_____

_____

_____

_____

_____

16 Stell Fragen.

1. _____? – Nein, ich habe keine Lust.

2. _____? – Tut mir leid, ich habe keine Zeit.

3. _____? – Gehen wir ins Kino.

4. _____? – Auf der Post.

5. _____? – Immer geradeaus, dann links.

6. _____? – Am besten mit dem Taxi.

17 Was sagst du?

Zu Martin: Du möchtest ihn auf dem Domplatz treffen.

_____

Zu Anna: Sie soll mit dir ins Kino gehen, du willst den Film „Harry Potter und die Kammer des
        Schreckens" sehen.

_____

Zu deiner Mutter: Du hast Kopfschmerzen und möchtest heute nicht in die Schule gehen.

_____

Olaf möchte mit dir ein Eis essen gehen. Aber du hast keine Zeit.

_____

Zu deinem Vater: Du brauchst einen neuen Computer, er soll mit dir zum Mediamarkt gehen.

_____

Du fragst einen Passanten nach dem Weg zum Bahnhof.

_____

Ein Passant fragt dich: Wie komme ich zum Fußballstadion? Du: … Bus 14 A oder …

_____

18 *ei* oder *ie*, eu oder *au*? Ergänze den Dialog und lies ihn mit deinem Partner vor.

● Verdammt h____ß h____te! Wo kann man h____r ein ____s k____fen?

○ ____s am Stiel bekommst du in der Bäcker____ in der H____ptstraße. Wenn du ein
    bisschen Z____t hast, dann geh l____ber in die ____sd____le „Capri". Sie l____gt
    gleich neben dem K____fh____s Müller. Dort gibt es das beste ____s in der ganzen Stadt.

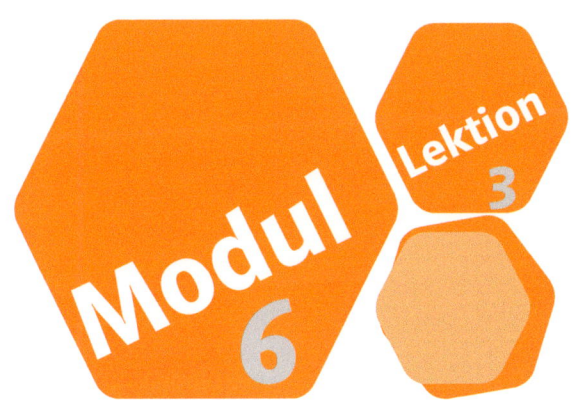

Ordnung muss sein!

1 **Wohin legst du die Tasche?**

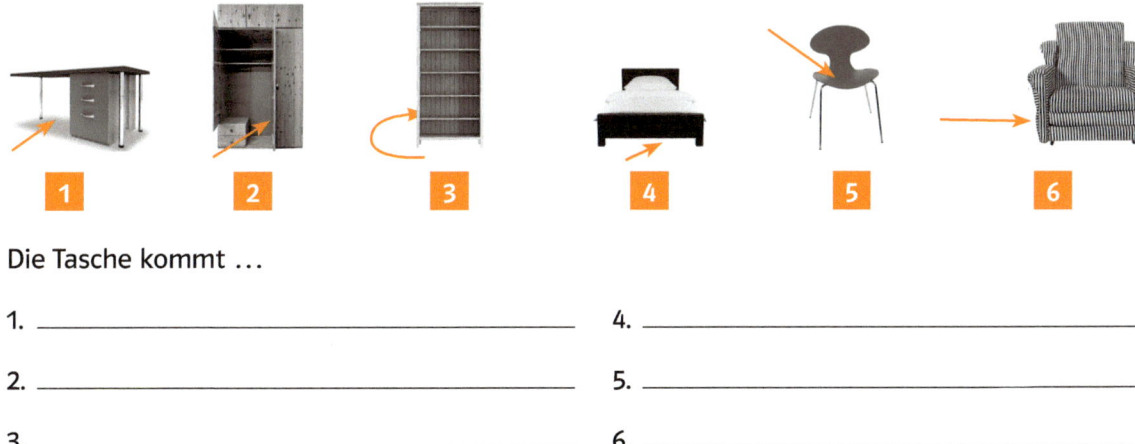

| 1 | 2 | 3 | 4 | 5 | 6 |

Die Tasche kommt …

1. _____
2. _____
3. _____

4. _____
5. _____
6. _____

2 **Schreib Minidialoge wie im Beispiel.**

Herr Sollers: der Drucker – der Computer

⬡ Herr Sollers hat einen Drucker gekauft.
⬡ Und wohin hat er ihn gestellt?
⬡ Neben den Computer.

1. Tobias: der Roller – der Schrank

⬡ _____
⬡ _____
⬡ _____

2. Frau Walz: die Bücher – das Regal

⬡ _____
⬡ _____
⬡ _____

3. Ina: die Lampe – der Schreibtisch

⬡ _____
⬡ _____
⬡ _____

4. Jens: der Schreibtisch – das Fenster

⬡ _____
⬡ _____
⬡ _____

5. Silke: der Sessel – das Sofa

⬡ _____
⬡ _____
⬡ _____

3 Wohin legst du die Bücher? Ergänze Präpositionen und Artikel.

Ich lege sie

_____ d_____ Tisch, _____ d_____ Bücherschrank, _____ d_____ Schreibtisch,

_____ d_____ Regal, _____ d_____ Computer, _____ d_____ Schublade.

4 So eine Unordnung?! Wo ist was? Schreib sechs Sätze.

_____

_____

_____

_____

_____

_____

_____

_____

5 Schreib Minidialoge wie im Beispiel.

Pullover ? – Stuhl: auf – der Schrank: in

- Wo ist mein Pullover?
- Auf dem Stuhl.
- Nein, da ist er nicht.
- Dann liegt er im Schrank.

1. Roller? – Schrank: hinter – Bett: unter

- _____
- _____
- _____
- _____

2. CD? – Schublade: in – Computer: neben

- _____
- _____
- _____
- _____

3. Tennisschuhe? – der Schrank: in – Schreibtisch: unter

- _____
- _____
- _____
- _____

4. Deutschbuch? – Regal: auf? – Schultasche: in

- _____
- _____
- _____
- _____

6 Wo steht / liegt / sitzt Kalle?

_____

_____

_____

_____

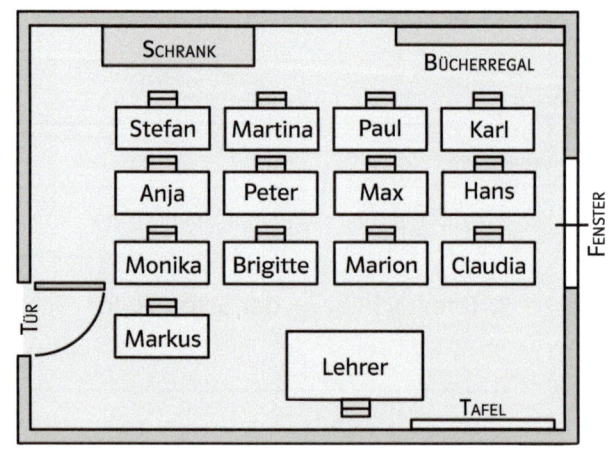

7 Wer sitzt *vor*, *neben*, *zwischen* ...?
Notier die Namen.

Er sitzt am Fenster. Hinter ihm sitzt Karl.
Das ist Hans.

1. Sie sitzt zwischen Brigitte und
   Claudia. Vor ihr sitzt der Lehrer.

   _____

2. Er sitzt neben Martina. Hinter ihm steht der Schrank. Vor ihm sitzt Anja.

   _____

3. Sie sitzt zwischen Marion und dem Fenster. Vor ihr, an der Wand, hängt die Tafel.

   _____

4. Er sitzt zwischen Hans und Peter. Vor ihm sitzt Marion. Hinter ihm sitzt Paul.

   _____

5. Sie sitzt neben der Tür. Vor ihr sitzt Markus.

   _____

6. Er sitzt hinter Hans. Hinter ihm steht das Bücherregal.

   _____

8 *legen* oder *liegen*? – Akkusativ oder Dativ?

1. Marion __legt__ das Buch auf __den__ Nachttisch.

2. Wohin willst du den Kopfhörer _____ ? In d_____ Schublade?

3. Peter hat Fieber und _____ in d_____ (_____) Bett.

4. Der Teppich _____ vor d_____ Tür.

5. Dein Pullover _____ auf d_____ Stuhl.

6. Ich bin müde, ich _____ mich in d_____ (_____) Bett.

9 *stellen* oder *stehen*? – Akkusativ oder Dativ?

1. Ich __stelle__ die Dose neben d_____ Computer.

2. Der Computer _____ auf d_____ Schreibtisch.

3. Stefan _____ seine Tennisschuhe unter d_____ Bett.

4. Markus _____ den Roller hinter d_____ Schrank.

5. Der Schreibtisch _____ vor d_____ Fenster.

6. Die Bücher _____ auf d_____ Regal.

10 Welche Sätze gehören wohin? Kreuz an.

	Wo?	Wohin?
1. Ich stelle den Tisch vor das Fenster.		
2. Stefan legt die Bücher auf den Schreibtisch.		
3. Ich liege im Bett.		
4. Der Computer steht auf dem Tisch.		
5. Die CDs liegen in der Schublade.		
6. Ich hänge die Jacke in den Schrank.		
7. Die Schultasche liegt vor dem Bett.		
8. Tina stellt den Stuhl an die Wand.		
9. Stefan sitzt vor dem Fernseher.		

11 Wohin? – Wo? Schreib Minidialoge wie in den Beispielen.

Wohin – Vase ? → Tisch

● Wohin soll ich die Vase stellen?
○ Stell sie auf den Tisch.

Wo – Vase ? → Tisch

● Wo steht die Vase?
○ Sie steht auf dem Tisch.

1. Wohin – Computer ? → Schreibtisch

● _____

○ _____

2. Wo – Schuhe ? → Bett

● _____

○ _____

3. Wo – CDs ? → Schublade

● _____

○ _____

4. Wohin – Pullover ? → Schrank

● _____

○ _____

5. Wohin – Stuhl ? → Wand

● _____

○ _____

12 Wie richtet Monika ihr Zimmer ein? Hör zu und male die Möbel in den Plan. ▶ 66

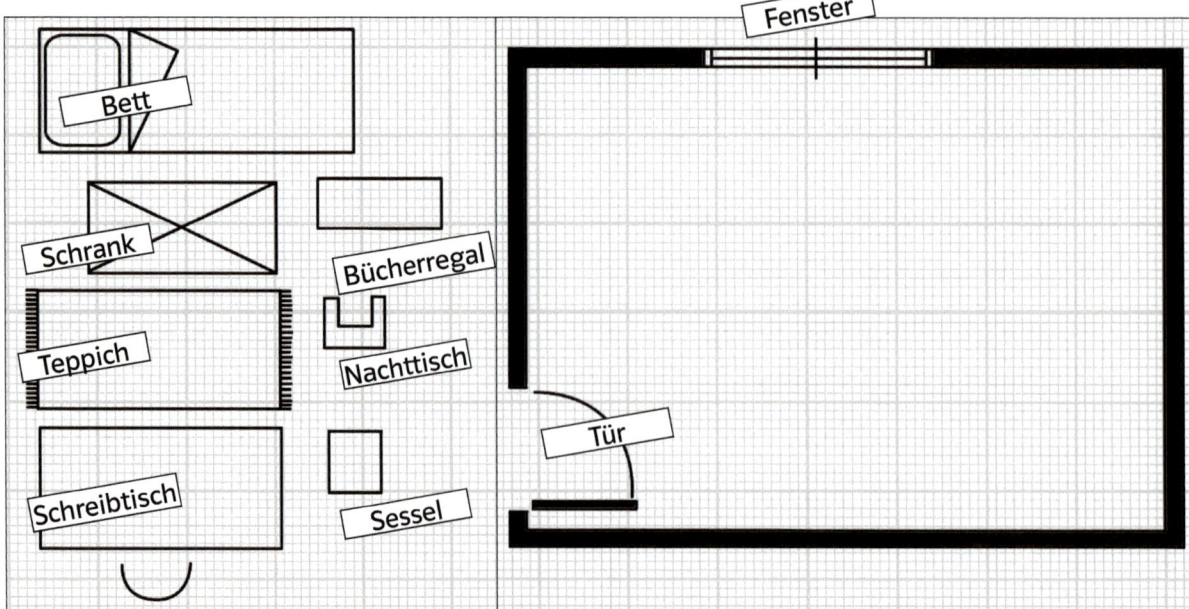

13 Wo stehen die Möbel? Ein Spiel.

Hier sind zwei leere Zimmer. Das eine ist dein Zimmer, das andere das Zimmer eines Klassenkameraden von dir. Aber wo sind die Möbel? Zeichne die Möbel in dein Zimmer ein. (Stimmen die Fenster?) Setz dich dann neben deinen Klassenkameraden. Beschreibt euch gegenseitig, wie eure Zimmer aussehen, und zeichnet nach der Beschreibung. Wenn ihr fertig seid, vergleicht die Zeichnungen mit dem Original.

Mein Zimmer   Das Zimmer von _____

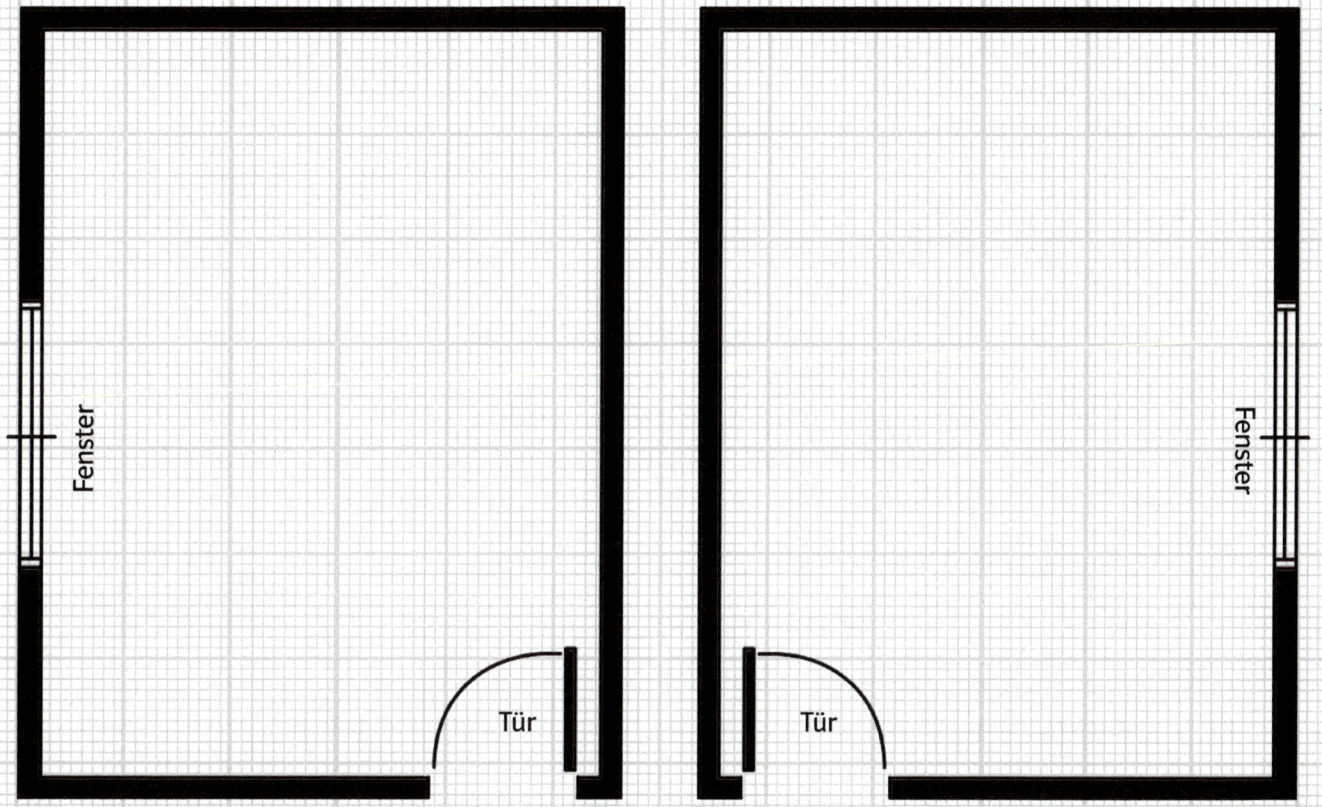

14 Dein Zimmer.
Erzähl noch mehr über dein Zimmer:

– Hast du ein Zimmer für dich allein oder musst du es mit deiner Schwester / deinem Bruder teilen?

– Wie ist es? (groß / klein / gemütlich / modern / …)

– Bist du gern in deinem Zimmer? Was machst du dort?

– Schließt du manchmal die Tür ab? Wann? Warum?

– Besuchen dich deine Freunde in deinem Zimmer?

– …

15 Wohin kommen die Geschenke?

Zu deinem Geburtstag hast du viele Geschenke bekommen. Aber dein Zimmer ist schon ziemlich voll.

Dein Freund / Deine Freundin hilft dir, die Geschenke aufzuräumen.
Spielt das Gespräch.

Beispiel:

● Wohin kommen die CDs? Du hast schon so viele!

● Leg sie ganz oben aufs Regal.

> Die Geschenke:
> 3 CDs, 5 Bücher, 1 neue Schultasche, 1 Paar Schuhe, 2 Schachteln Pralinen,
> 1 Lampe, 1 Aquarium mit Fischen, 1 Gitarre, 1 Vase, Inlineskates, …

16 Welches Verb passt?
Schreib die Verben in der richtigen Form in die Lücken.

stehen • schlafen • hören • hängen • verbringen • surfen

stören • machen • gefallen • liegen • treffen • wohnen

Markus erzählt:

Wir _____ in einem Reihenhaus und mein Zimmer ist oben im ersten Stock.

Ich _____ viel Zeit in meinem Zimmer: Ich _____ , _____

Hausaufgaben, _____ Musik, _____ im Internet.

Mein Zimmer _____ mir sehr. Darin _____ ein Bett, ein Bücherregal,

ein Schreibtisch, ein Sessel, ein Kleiderschrank und eine große Spielzeugkiste.

Die Spielzeugkiste _____ mich: Sie muss weg!

Im Bücherregal _____ nicht nur Bücher, sondern auch meine Comichefte.

Im Schrank _____ nicht nur meine Kleider, sondern auch Klamotten von meiner

Mutter. In meinem Zimmer _____ ich mich mit meinen Freunden.

17 Stell Fragen.

1. _____?

   Er steht auf dem Schreibtisch.

2. _____?

   Ich lege sie ins Bücherregal.

3. _____?

   Ich stelle es neben die Tür.

4. _____?

   Er sitzt vor dem Fernseher.

5. _____?

   Sie sind unter dem Bett.

6. _____?

   Das Poster kommt an die Wand über dem Bett.

7. _____?

   Die hänge ich in den Kleiderschrank.

18 Kreuzworträtsel.

waagrecht
1. Es ist kein Tier, sondern ein …
2. Jeder hat zwei, hier ist es eine.
3. Sie sind immer zwei.
4. Du hast es nur einmal im Jahr.
5. Äpfel, Birnen, Bananen sind: …
6. Die Sonne gibt es jeden Tag.
7. Du hast sie im Mund.
8. nur für Fußgänger
9. Du hast es für die Schulstunden.

senkrecht
1. Es hat vier Beine.
2. Nicht nur Mädchen und Frauen tragen es.
3. Darin sind Augen, Nase, Mund.
4. Du bist krank: Du brauchst ihn.
5. Ein Kind braucht mehr als 2000 pro Tag.
6. Kleidungsstück für den Sommer
7. Pfeffer und …
8. kleine Straße
9. Damit kann man einkaufen.

Wortschatz Modul 6 (Lektion 1-3)

Die unregelmäßigen Verben sind hervorgehoben.

Lektion 1:		Meine Sprache
99	das Stadtviertel, -	
	die Wand, Wände	Mein Stadtviertel, meine vier Wände …
100	das Café, -s	Tina sitzt im Café.
	die Haltestelle, -n	Das ist eine Bushaltestelle.
101	die Eisdiele, -n	Hier kann man Eis kaufen.
	vor + Dat. / Akk.	
	stehen	Stefan steht vor der Eisdiele.
	neben + Dat. / Akk.	Wer steht neben dem Auto?
102/103	die Konditorei, -en	
	in + Dat. / Akk.	Pralinen gibt es in der Konditorei.
	die Apotheke, -n	Kauf Tabletten in der Apotheke!
	der Blumenladen, -läden	Hier gibt es Blumen.
	die Bäckerei, -en	Brot kauft man in der Bäckerei.
	der Mediamarkt, -märkte	Computer gibt's im Mediamarkt.
	das Museum, Museen	
	das Kaufhaus, -häuser	
	hinter + Dat. / Akk.	Das Kaufhaus ist hinter der Kirche.
	das Parkhaus, -häuser	Das Auto fährt ins Parkhaus.
	die Post (Sg.)	Die Post ist neben dem Kino.
	die Buchhandlung, -en	
	die Pizzeria, -en	
	(sich) treffen, wir treffen uns	Wir treffen uns um fünf in der Pizzeria.
	die Gasse, -n	Sie wohnt in der Lange Gasse.
	der Stadtplan, -pläne	Schau den Stadtplan an.
	die Disko, -s	Gibt es hier eine Disko?
104	das Gymnasium, Gymnasien	Tina geht aufs Gymnasium.
	wissen, ich weiß, er weiß	Ich weiß nicht, wie sie heißt.

105	das Gespräch, -e	
	stattfinden, es findet statt	Wo findet das Gespräch statt?
	die Boutique, -n	
	das Sportgeschäft, -e	
	normalerweise	
	einkaufen, er kauft ein	Wo kaufen Sie normalerweise ein?
	die Ecke, -n	In der Bäckerei um die Ecke.
	der Markt, Märkte	
	das Gemüsegeschäft, -e	Obst kaufe ich auf dem Markt oder im Gemüsegeschäft.
	die Metzgerei, -en	
	heutzutage	
	wichtig	Das ist heutzutage wichtig.
106	die Kleidung (Sg.)	
	der Supermarkt, -märkte	
	der Bioladen, -läden	Ich gehe nie in den Supermarkt, ich kaufe im Bioladen ein.
107	das Medikament, -e	Medikamente gibt es in der Apotheke.
108	die Fußgängerzone, -n	
	fast	
	d.h. = das heißt	
	ohne + Akk.	Fast alle deutschen Städte haben eine Fußgängerzone, das heißt: eine Zone ohne Autos, nur für Fußgänger.
	der Autoverkehr (Sg.)	
	verboten	Hier ist der Autoverkehr verboten.
	der Radfahrer, -	
	absteigen, er steigt ab	
	schieben, er schiebt	Radfahrer müssen hier absteigen und das Rad schieben.
	das Theater, -	Sie spielen Theater.

der Straßenkünstler, -		
der Musikant, -en		
der Maler, -		
der Schauspieler, -		
musizieren	Sie musizieren auf der Straße.	
der Asphalt (Sg.)	Sie malen auf den Asphalt.	
der Treffpunkt, -e		
der Lieblingstreffpunkt, -e		
die Arbeit (Sg.)		
nach + Dat.	Nach der Arbeit trifft man sich in der Fußgängerzone.	
das Souvenir, -s	Sie verkaufen Souvenirs.	
das Konzert, -e	Sie geben Konzerte.	
interviewen		
der Passant, -en	Sie interviewen die Passanten.	

Meine neuen Wörter

Lektion 2:		Meine Sprache	
110	die Lust (Sg.)	Ich habe keine Lust.	
	heute Abend	Hast du Lust, heute Abend mit mir ins Kino zu gehen?	
	die Idee, Ideen	Das ist eine gute Idee.	
111	die Leute (Pl.)	Auf dem Marktplatz trifft man viele Leute.	
	tanzen	Sie tanzt gern.	
	abheben, er hebt ab		
	das Geld (Sg.)	Er muss auf die Bank, Geld abheben.	
	das Eis (Sg.)	Inge möchte ein Eis.	
	die Briefmarke, -n	Wo gibt es Briefmarken?	
112	geradeaus		
	bis		
	die Kreuzung, -en		
	rechts	Gehen Sie immer geradeaus bis zur Kreuzung und dann rechts!	
	am besten		
	der Bus, -se	Du fährst am besten mit dem Bus.	
	links	Gehen Sie bis zum Stephansplatz, dann links!	
113	entlang + Akk.	Gehen Sie die Straße entlang!	
	nach links	Er geht nach links.	
	über + Akk./Dat.	Sie geht über die Straße.	
	überqueren	Überqueren Sie die Kreuzung.	
	die Ampel, -n		
114	der Passant, -en		
	der Hauptbahnhof, -höfe		
	das Rathaus, -häuser		
	der Dom, -e		
	von ... zu	Er will vom Dom zur Kirche gehen.	
	der Weg, -e		

verfolgen	Verfolge den Weg auf dem Stadtplan.	
das Stadttheater, -		
die Universität, -en		
das Stadion, Stadien	das Fußballstadion	
der Marktplatz, -plätze		
das Taxi, -s	Taxi, bitte!	
die Straßenbahn, -en	Fahrt mit der Straßenbahn!	
die U-Bahn	Ich nehme die U-Bahn.	

Meine neuen Wörter

Lektion 3:		Meine Sprache
116	unmöglich / unmöglich	Das ist unmöglich!	
	aussehen, er sieht aus	Wie sieht es hier denn aus!	
	die Ordnung (Sg.)	Mach bitte Ordnung!	
	stellen	Ich stelle die Bücher auf das Regal.	
	die Klamotten (Pl.)		
	legen	Meine Klamotten lege ich in den Schrank.	
	der Tennisschuh, -e		
	unter + Akk./Dat.	Die Tennisschuhe stelle ich unter das Bett.	
	der Abfalleimer, -		
	die Sorge, -n	Keine Sorge!	
117	die Schublade, -n		
	die Kommode, -n		
	der Nachttisch, -e		
	der Schreibtisch, -e		
118	zufrieden	Bist du jetzt zufrieden?	
119	zwischen	Das Bett steht zwischen der Tür und dem Schrank.	
	das Deutschbuch, -bücher		
120	einrichten, er richtet ein	Sie richtet das Zimmer ein.	
	endlich	Endlich ein Zimmer nur für sich!	
	sollen, ich soll, er soll	Wohin soll ich den Schreibtisch stellen?	
	das Fenster, -	Stell ihn vor das Fenster!	
	das Bücherregal, -e		
	der Teppich, -e		
	kommen		
	die Mitte (Sg.)	Der Teppich kommt in die Mitte des Zimmers.	
	das Poster, -	Wohin soll ich das Poster hängen?	
	hängen + Akk.	Häng es an die Wand über dem Bett.	

hängen + Dat.	Das Poster hängt jetzt an der Wand.	
121 das Möbel, -		
die Tür, -en		
beschreiben	Beschreib dein Zimmer!	
die Beschreibung, -en		
122 der Kleiderschrank, -schränke	Häng die Kleider in den Kleiderschrank!	
der Esstisch, -e		
die Stehlampe, -n		
der Kühlschrank, -schränke		
der Elektroherd, -e		
der Fernseher, -		
der Sessel, -		
der Spiegel,-		
123 überall / überall		
liegen lassen	Tina lässt alles überall liegen.	
der Gegenstand, -stände		
124 das Reihenhaus, -häuser		
oben		
der Stock, -werke	Sie wohnen oben im ersten Stock.	
dafür / dafür		
hell	Das Zimmer ist nicht groß, aber dafür hell.	
sowieso		
genug	Ich habe sowieso genug Platz.	
verbringen	Er verbringt viel Zeit am Computer.	
surfen	Er surft im Internet.	
die Spielzeugkiste, -n		
die Sicht (Sg.)	Die Sicht ist nicht gut.	
der PC, -s	der Personalcomputer	
das Comicheft, -e		

drinnen (= darin)		
altmodisch	Im Schrank hängen altmodische Kleider von meiner Oma.	
stören	Die Kiste stört mich.	
weg	Sie muss weg!	
die Spielsachen (Pl.)	In der Kiste sind alte Spielsachen.	
die Art, -en	Mein Zimmer ist eine Art Treffpunkt.	
teilen	Er teilt das Zimmer mit seinem Bruder.	
AB/93 fertig sein	Wann seid ihr fertig?	

Meine neuen Wörter

Bildquellen